The Consciousness Revolution

의식혁명

The Consciousness Revolution

어빈 라슬로, 스타니슬라프 그로프, 피터 러셀

의식혁명

문명 전환을 위한 우주적 성찰과 내면의 도약

이택광 번역

경희대학교 출판문화원

책머리에

『의식혁명』은 우리 시대 최고 지성들이 나눈 특별한 토론을 담은 책이다. 활발하게 교류하고 온몸으로 공감한 이 토론에는 양심과 의식을 깨우는 분명한 메시지가 담겨 있다.

스타니슬라프 그로프Stanislav Grof는 시대를 넘어선 최고의 심리학자로서 역사에 기록될 만한 명성을 얻고 있다. 『인간 무의식의 영역Realms of the Human Unconscious』에서 시작해 『뇌를 넘어서Beyond the Brain』와 『우주적 게임The Cosmic Game』에 이르기까지 셀 수 없을 정도로 출간된 그의 책은 이미 전설이 됐다. 그는 친구와 동료로부터 존경을 넘어선 진심 어린 애정을 받는 존재다. 광활하고 무한한 의식의 영역에서 그는 선구적 존재다. 경이로운 의식의 풍경을 그린 그의 지도는 우리 시대에 어울리지 않는 치밀함과 열정을 보여준다.

피터 러셀Peter Russell은 건드리는 주제마다 반짝이는 재기를 발휘하는 명민한 이론가다. 『깨어나는 지구The Awakening Earth』와 『글로벌 브레인The Global Brain』 그리고 『시간의 화이트홀The White Hole in Time』 같은 저술을 통해 러셀은 다가오는 새천년에서 조명받아야 할 결정적 질문을 계속해서 제기한다. 의식의 변화가 어떤 세계의 변화를 초래할까? 우리의 내일을 더 우아하게 만들려면 훨씬 긍정적인 미래를 위해 지금 당장 무엇을 변화시켜야 할까? 너무 늦은 것은 아닐까? 그렇다면 어떻게 해야 하는가? 러셀이 쓰는 모든 글은 날카로운 지성과 따뜻한 감성으로 짚어내기 쉽지 않은 문제를 거론한다.

어빈 라슬로Ervin Laszlo는 유일무이한 시스템 사유의 천재로 불린다. 일일이 언급하기 어려울 정도로 많은 저술에서 어빈 라슬로는 너무나도 중요하지만 간과되고 있는 문제를 다채롭게 풀어낸다. 개인적으로 나는 그의 저술 중에서 특히 『세계에 대한 시스템의 관점The Systems View of the World』, 『진화: 거대한 종합Evolution: The Grand Synthesis』, 『선택The Choice』, 『속삭이는 연못The Whispering Pond』, 『제3의 천년Third Millennium』을 좋아한다. 우리는 거의 기적적으로 모든 것이 관계를 이루고 있는 우주에서 목적 없이 살고 있다는 것이 그가 제시하는 사실이다. 40년 동안 이뤄진 그의 작업은 우리의 세계와 삶 그리고 희망과 꿈을 풍성하게 이리저리 짜놓은 직조물을 인식해야 한다고 요청한다. 전체를 바라보는 관점을 제기함으로써 그는 최소 300년 동안 근대 세계가 갇혀 있던 좁은 한계와 우울한 파편화를 벗어날 수 있는 방법을 수많은 개인들에게 가르쳐준다. 그리고 지금 독자 여러분이 펼쳐 보고 있는 이 책은 베를린국제평화대학에 있는 우베 모라베츠Uwe Morawetz의 제안을 받아 어빈 라슬로가 엮어낸 것이다.

세 사람은 며칠 동안 만나서 "세계 평화의 기회를 돌아봤고, 이런 성찰은 위기, 전환, 목적과 가치, 세계관과 우리 자신 및 타자, 예술, 과학, 종교 그리고 영성을 이해하는 것에 대한 이야기로 이어졌다"고 라슬로는 전한다. "무엇보다도 우리는 의식의 문제를 논했다. 의식의 상태야말로 다른 모든 것의 기저에 놓여 있는 가장 중요한 쟁점이라는 사실을 우리는 금방 깨달았다."

그래서 그렇게 대화가 이뤄졌다. 이 책에서 독자 여러분은 주제별로 펼쳐지는 토론에 빠져들 것이다. 의식 전환의 중요성뿐만 아니라 자녀 양육 연습에서 경제정책과 정치제도에 이르는 폭넓은 내용이 토론에서 다뤄졌다. 그래서 어떤 결론에 마침내 도달했는가? 피터 러셀은 다음과 같이 토론의 결과를 설명했다. "우리 모두는 삶을 더욱 의미

있게 만드는 조각들을 맞추고 있습니다. 더 행복하고 더 건강하고 더 보살피는 삶을 만드는 일입니다. 작은 조각들이 다 의미를 가집니다. 때때로 새로운 조각 하나가 다른 조각들을 일시에 맞춰주는 역할을 하기도 합니다. 난제를 해결하고 영성적인 각성을 불러일으키는 것이지요. 타인을 변화시켜야겠다고 생각한다면 그것은 핵심을 놓치는 것입니다. 그런 식으로 생각하는 것은 우리 스스로를 특별하다고 여기게 합니다. 그리고 상황을 지배하고 통제하는 위치에 우리를 놓습니다. 우리 모두는 거대한 파도의 일부분입니다. 우리가 던져야 하는 가장 중요한 질문은 이것입니다. 어떻게 하면 내 자신의 삶을 저 커다란 파도와 조화롭게 연결시킬 수 있는가? 미약한 존재인 내 자신이 그와 같은 거대한 전환에 조금이라도 기여할 수 있는 방법은 무엇인가?"

내가 보기에 스타니슬라프 그로프, 피터 러셀 그리고 어빈 라슬로는 이미 그들의 수많은 저작에서 그랬듯이 평생이 걸려도 아깝지 않을 만한 가치를 무수히 지닌 아주 특별한 일보 전진을 이 책에서 이뤄냈다.

켄 윌버

서문

1996년 여름에 스타니슬라프 그로프와 피터 러셀 그리고 나는 빽빽한 이틀을 함께했다. 첫날은 캘리포니아의 밀밸리Mill Valley 외곽 숲에 있는 그로프의 저택 테라스에서, 둘째 날은 소살리토Sausalito 항구에 정박한 러셀의 선상 가옥에서 보냈다. 우리 앞에 녹음기가 놓여 있었고 답해야 할 질문지가 수북이 쌓여 있었다. 이 질문들은 베를린국제평화대학의 우베 모라베츠가 우리의 대답을 듣기 위해 준비한 것이었다. 질문들을 통해 우리는 세계 평화의 기회를 돌아봤고, 이런 성찰은 위기, 전환, 목적과 가치, 세계관과 우리 자신 및 타자, 예술, 과학, 종교 그리고 영성을 이해하는 것에 대한 이야기로 이어졌다. 무엇보다도 우리는 의식의 문제를 논했다. 의식의 상태야말로 다른 모든 것의 기저에 놓여 있는 가장 중요한 쟁점이라는 사실을 우리는 금방 깨달았다. 과연 세계라는 '외부'의 현재 위기와 마음이라는 '내부'의 현재 위기를 모두 넘어가기 위해 의식을 변화시키고 진화시킬 수 있을 것인가? 이런 질문을 던지면서 우리는 외부와 내부는 어떻게 연결됐는지 토론할 수밖에 없었다. 그다음 순서로 마음과 세계의 본성, 그리고 거기에서 무엇을 발견하기 시작했는지에 대한 질문을 이어갔다. 그러고는 우리 주변의 세계로 돌아와서, 우리가 새롭게 등장하는 현실성의 지도라고 부르기 시작한 것을 어떻게 실천적이고 효과적으로 사용할 수 있을지 질문했다.

이 대화에서 내 자신의 역할은 두 가지였다. 참여자인 동시에 주재자로서 토론이 궤도를 벗어나지 않게 해야 했고 세계 평화라는 주제에 지속적으로 천착하도록 만들어야 했다. 나는 지정된 주제를 논하는 토론을 활성화하기 위해 질문을 제기하고자 했지만 곧 그럴 필요가 없다는 사실을 깨달았다. 시작하자마자 대화는 마치 저절로 불이 붙는 것처럼 이뤄졌다.

토론이 궤도를 벗어나지 않게 신경 쓰려고 한 것은 기우에 불과했다. 오히려 문제는 우리가 지나치게 의견 일치를 보는 것이었다. 서로 다른 의견이 오가는 대화가 이뤄져야 하는데 말이다. 하지만 다행스럽게도 의견이 대립하는 지점이 없지는 않았다. 비록 서로 반대되는 견해는 수평적이지 않고 수직적이었지만, 다양한 시각으로부터 주요 질문들을 조명함으로써 기원과 토대로 더 깊게 접근하는 것을 가능하게 했다.

그다음에 편집자로서 내가 할 일은 독자들을 위해 우리의 대화 원고를 알맞게 요약하는 것이었다. 이것은 어려운 일이 아니었다. 우리는 각자 입말을 풀어놓은 원고를 점검하고 수정한 텍스트를 디스크에 담아서 제출했다. 우리의 의도를 정확히 독자에게 전달하기 위해 만전을 기했던 것이다. 점검한 원고들이 모인 뒤에 나는 적절한 수미일관성을 위해서 문체와 표현을 다듬었고 우리가 토론했던 주요 주제들로 소제목을 달았다.

캘리포니아에서 보냈던 인상적이고 기억할 만한 이틀 동안 우리가 나눴던 토론의 진행을 따라오면서 독자 여러분 역시 우리가 그랬던 것처럼 신바람 나고 열정으로 충만한 느낌을 가질 수 있기를 바란다. 또한 토론된 내용을 돌아보면서 독자 여러분이 새로운 통찰에 이르게 되기를 바란다.

우리 세 명을 한군데 모이게 만든 우베 모라베츠와 베를린국제평화대학의 동료들에게 감사를 표한다. 그로프의 자택에서 따뜻하게 우리를 맞아준 크리스티나 그로프에게도 고마움을 전한다. 우리가 보낸 이틀은 정말 나무랄 데가 없었다. 이틀 동안 무엇인가 이뤄진 생각들이 가치를 가지는 것은 의심할 여지없이 우리 모두 허심탄회하게 의견을 교환할 수 있었던 멋진 환경 덕분이었다.

어빈 라슬로

차례

첫째 날 오전

전환하고 있는 세계

평가하기: 전환의 기회들

라슬로: 붕괴와 위기를 촉발하거나 지금까지 유지해온 평화 상태를 깨뜨리지 않고 어떻게 우리가 오늘의 세계를 유지할 것인가? 이것이 진짜 질문입니다. 이런 고민이 점차 커지는 와중에 '지속 가능성'이라는 말이 널리 회자되고 있습니다.

모두가 지속 가능성에 대해 말하지만 무엇이 문제인지 이해하고 있는 것 같진 않습니다. 인간이라는 종의 역사에서 새롭고 예상하지 못한 위기가 닥쳐오고 있음에도 우리는 계속 추구할 수 없는 삶의 방식을 고집하고 있습니다. 우리는 반드시 변해야 합니다. 변화할지 말지의 문제가 아닙니다. 오직 얼마나 빨리, 어떻게 잘 변하는가, 이 문제가 중요해 보입니다. 그래서 모든 싱크탱크가 항상 이야기하는 빤한 내용, 가령 나무를 얼마나 베어내고 얼마나 심어야 하는지 같은 전략적 질문과 함의 대신 우리는 근본적인 쟁점을 정확하게 이야기해야 합니다. 무엇보다도 우리가 어디에 있고, 우리가 무엇이고, 그래서 이 세계와 우리 자신을 어떻게 바라봐야 하는지, 이런 질문을 우리는 먼저 던져야 합니다.

가장 거대한 역사의 분수령이 우리 앞에 놓여 있는지도 모릅니다. 거대한 역사의 분수령은 나타난 뒤에 분석되곤 했습니다. 그러나 오늘날 그렇게 하는 것은 너무 위험합니다. 우리에게 무엇이 남아 있는지 생각하고 기회를 개선하기 위해 의식적으로 행동해야 합니다. 이런 어마어마한 도전에 직면해서 우리는 지금 현시대의 변화에 주목해야 합니다.

하나의 논제에서 시작합시다. 우리가 생존해서 계속 발전하고 그래서 멸종하지 않으려면 우주와 인류에 대한 개념과 진보와 발전에 대한 생각이 완전히 달라져야 합니다.

러셀: 당신은 멸종에 대해 말했습니다만 멸종의 위협을 받는 것은 무엇입니까? 우리가 지구 상의 생명을 파괴한다고 생각하진 않습니다. 생명은 정말 원기 왕성합니다. 과거에 몇몇 종들이 사라지긴 했지만 생명 자체는 곧 원상 복귀했습니다. 만일 6,500만 년 전에 공룡을 비롯해서 당시 생존했던 종의 85%를 사라지게 만든 재난 상황이 없었다면, 인류는 결코 진화하지 못했을 것입니다. 어쩌면 인류는 다른 종을 절멸시키고 있는지도 모르겠습니다. 만일 그렇다면 지구 상에 나타난 하나의 종이 다른 종을 사라지게 만드는 첫 번째 사례일 것입니다. 이런 상황은 분명 과거에 볼 수 없었던 것이지만 생명은 다시 원상 복귀할 것입니다. 이렇게 대다수의 종들이 사라진다면 우리 역시 자신을 파괴하게 될 것입니다. 그러나 지구 상에서 생명 자체는 사라지지 않을 것입니다.

최악의 시나리오는 오존층 파괴입니다. 오존층이 파괴되면 땅 위의 생명은 살아갈 수 없습니다. 자외선은 곤충이나 꽃식물 그리고 미생물에게 위험을 초래합니다. 인간에게도 위험하긴 마찬가지입니다. 그러나 바다에 사는 생명은 살아남을 것입니다. 오존층이 다시 생성될 때까지 수십억 년이 걸리더라도 말입니다. 오존층이 저절로 재형성되면 생명은 다시 육지를 점령할지도 모릅니다.

제 생각대로 될지는 장담 못 합니다. 한 가지 확실한 것은 서구 문명을 무너지게 만들 일련의 경제적이고 환경적인 파국에 우리가 처해 있다는 사실입니다. 그러나 이런 파국이 인류의 종언을 뜻하는 것은 아니라고 봅니다. 아마도 고립된 원주민 일부 집단은 살아남을 것입니다. 이들이 다른 문명을 만들어낼 수 있습니다. 바라건대 이 문명이 우리 문명보다 더 현명하면 좋겠습니다. 서구 문명의 전락이 곧 우리의 몰락을 뜻하는 것도 아닙니다. 우리는 소비에트 체제가 무너지는 것을 봤습니다. 거기에 살던 모든 사람이 끝난 것은 아니었습니다. 분명 많은 것이 변하고 많은 이들에게 힘든 시절이었습니다. 그러나 소비에트 체제를 살았던 사람들 대부분은 여전히 살아 있습니다.

염세주의적으로 들렸을지 모르겠습니다. 하지만 저는 인류에게 아직 미래가 있고, 역경을 이기고 개인으로서 성취할 수 있는 것이 많다고 생각합니다. 우리는 물질적으로 심각한 시기에 처해 있지만 의식의 영역에서 위대한 변화로 나아갈 문턱에 놓여 있다고 봅니다.

라슬로: 불행한 일이지만 멸종의 가능성은 언제나 있습니다. 서구 문명의 문제는 다른 세계에도 영향을 미칩니다. 우리 서구는 너무나 많은 무기와 파괴의 능력을 가졌기 때문입니다. 지구 상 모든 생명은 아닐지라도 모든 고등 생물은 끝장내버릴 수 있습니다. 이런 생명을 복원하려면 수천 년, 아니 최악의 경우에는 수백만 년이 걸릴 것입니다. 우주가 끝나지 않는 한, 지구 상에서 생명이 온존된다는 것은 명백합니다. 지구라는 행성이 실제로 수십억 년 이상 존재할 것이기 때문입니다.

좀 더 구체적인 사례를 들어봅시다. 미국은 지금 40일 정도의 여유

식량을 보유하고 있습니다. 오직 이 정도가 여유분입니다. 만일 가난한 나라에서 작황이 좋지 않다면 돈이 없어 식량을 수입할 수도 없을 것입니다. 만일 아프리카나 아시아에서 대기근이 일어난다면 미국의 여유분은 곧 소진되어버릴 것입니다.

무슨 일이 일어날까요? 지구의 수용력이 60억에서 50억이나 40억으로 감소하면 무슨 일이 일어날까요? '여분'의 인구가 최저 생활 이하로 전락하면 무슨 일이 일어날까요? 엄청난 분쟁이 발생하고 질병이 창궐하고 대규모 이주가 일어날 것입니다. 전체 체제가 한꺼번에 흔들립니다. 종말을 상상하고자 하는 것이 아닙니다. 확실하게 우리가 직면하고 있는 위협이 있습니다. 매우 중요한 문제가 앞에 놓여 있습니다. 이 말은 곧 사물을 바라보는 서구적 방식을 변화시켜야 한다는 뜻입니다.

최근 저는 아시아에 다녀왔습니다. 자신의 처지를 벗어날 기회가 가난한 이들에게 얼마나 제대로 주어지지 않는지 그곳에서 다시 한 번 확인했습니다. 가난한 이들은 근근이 살아가고 있을 뿐이었습니다. 인류의 대다수가 최저 생활에 가까운 수준으로 겨우 살아가고 있습니다. 이런 열악한 삶의 방식이 생명을 유지하는 체제를 파괴하는 원인이기도 합니다.

모든 측면에서 하나의 문제로 인해 우리는 위협당하고 있습니다. 그래서 모든 측면에서 우리는 지배적인 의식을 변화시켜야 합니다. 이것이야말로 문제의 뿌리입니다. 다르게 생각하고 느끼기 시작해야 합니다. 인간 개개인과 자연을 연결하는 다른 방식을 찾아야 합니다. 그러지 않으면 우리가 당면해야 할 위험은 어마어마할 것입니다. 지금 우리는 같은 배를 타고 있습니다. 여러분은 우리가 변화할 능력을 가졌다고 생각하십니까? 의식에서 근본적인 변화를 이끌어낼 기회가 있을까요?

그로프: 40년 넘게 저는 환각과 심리 치료의 경험적 형식을 통해 유도되거나 저절로 나타나는 의식의 비범한 상태에 대한 연구와 관련을 맺어왔습니다. 이런 실험을 진행하는 동안 개인들은 중대한 전환을 경험하곤 했습니다. 공격성이 감소하고 공감력과 포용력이 증가했습니다. 삶을 즐기는 능력도 강화됐기 때문에 서구 산업 세계와 우리 사회 전체가 걸어놓은 수미일관한 목표를 달성해야 한다는 주문에 사로잡히는 강박도 줄어들었다는 것을 알 수 있습니다. 이런 주문은 성과주의와 성장주의로, 무한한 국민총생산의 배가가 우리를 행복하게 만들어줄 것이라고 믿게 만듭니다. 주문으로부터 벗어나는 개인의 전환은 보편적이면서 특정 종교를 초월한 영성을 보여줍니다. 이 영성은 모든 창조물에 내재되어 있는 통합성과 타인들과 다른 종들 그리고 자연과 우주 전체로 긴밀하게 연결되어 있는 관계성을 깨닫는 것입니다.

그러므로 대대적으로 일어나는 개인의 의식 전환이야말로 우리에게 살아남을 기회를 보장할 것이라고 저는 굳게 믿습니다. 이런 종류의 전환이 과연 그토록 짧은 시간에 파편화된 인구라는 조건에서 일어날 수 있을지 의문은 여전히 남습니다. 이런 변화가 어떻게 가능한지, 이런 전략과 연계된 문제가 무엇을 의미하는지 실질적인 질문들이 남는 것입니다. 그러나 인간의 인격성 자체는 심오하고 바람직한 전환을 매개하는 메커니즘이기도 합니다.

라슬로: 우리는 지금 인간 사유에서 일어나고 있는 변화를 목격 중입니다. 의식혁명의 도래를 알리는 전조가 있습니다. 이것을 어떻게 보십니까? 우리에게 가해지는 위협과 관계가 있을까요? 아니면 독자적일까요? 순전히 우연의 일치일까요?

러셀: 다 연결되어 있다는 생각입니다. 하지만 위협 자체가 전환을

야기한다고 생각하진 않습니다. 둘 다 우리 문화의 물질주의적 의식으로 인해 발생한다고 봅니다. 지구적 위기의 근본 원인은 이것입니다. 우리의 비즈니스 윤리나 정치, 사적인 삶의 양식 때문에 위기가 초래된 것이 아닙니다. 물질주의적 의식이야말로 더 깊은 곳에 놓여 있는 문제입니다. 우리 문명 전체는 불안정합니다. 우리의 가치 체계, 곧 세계로 다가가게 만드는 의식이 불안정하기 때문입니다.

더 많이 가질수록 더 많은 것을 할 수 있다고, 자연을 통제하면 할수록 우리가 더 행복해질 것이라고 믿도록 우리는 배웠습니다. 이것이야말로 착취를 유발하고 과소비를 촉발하고 지구환경과 다른 종을 보살피지 않게 만드는 것입니다. 바로 이것이 불안정한 의식의 양식이라고 할 수 있습니다.

오늘날 오직 인구의 10%만이 풍요를 누릴 수 있습니다. 말하자면 의식주와 생필품을 구매하는 수준을 넘어서 사치품을 구매할 수 있는 능력을 가진 이들이 극히 제한적인 것입니다. 그럼에도 이들은 지구자원 중 4분의 3 이상을 소비하고 있습니다. 이 상태가 지속될 수 없다는 것은 명백합니다. 인구 전체와 미래의 인구를 위한 지속 가능한 삶의 방식이 없습니다.

좋은 소식이 아예 없는 것은 아닙니다. 저변에 깔려 있는 물질주의적 문화와 의식에 근본적 질문을 던지는 분위기가 조성되고 있습니다. 더할 나위 없이 사치스러운 삶을 영위하고 있는 여기 서양에서 더 많은 이들이 이런 삶의 방식을 지속할 수 없다는 것을 깨닫고 있습니다. 우리가 진실로 원하는 것은 주어지지 않습니다. 우리의 체계는 육체적 욕구를 충족시키는 수준에 맞춰져 있습니다. 우리는 슈퍼마켓에서 음식을 살 수 있습니다. 원하는 곳 어디든 여행할 수 있고, 유행 따라 옷을 살 수 있고, 안락한 집에서 유유자적할 수 있습니다. 그러나 이런 삶이 깊고 내면적이고 영적인 욕구를 충족시켜주는 것은 아닙니다. 아무리 물질적으로 풍요롭더라도 사람들은 그렇지 않았던 예전처럼 우울해하고 불안해할 뿐만 아니라 사랑을 느끼지도 못합니다.

그로프: 어떤 의미에서 의미의 위기를 초래하고 영적인 욕구가 사회에서 출현하게 만드는 근본적인 물질주의적 욕구의 과포화 상태가 있습니다. 오랜 시간 동안 우리는 물질적 풍요 자체가 우리 삶의 질을 근본적으로 바꿔서 만족과 행복을 가져다줄 것이라는 착각과 잘못된 희망에 사로잡혀 있었습니다. 지금 서구 산업국가의 부는 엄청나게 증가했습니다. 많은 가족들이 풍요롭게 살고 있습니다. 커다란 집에 식료품으로 가득한 냉장고를 두 개씩이나 두고 자동차도 서너 대씩이나 굴리고 있습니다. 세계 어디로든 휴가를 떠날 수도 있습니다. 그러나 이런 풍요로움이 만족감을 주진 못합니다. 정서 불안, 약물 남용, 알코올중독, 범죄, 테러리즘 그리고 가정 폭력이 눈앞에서 범람하고 있습니다. 의미도 가치도 관점도 없는 삶입니다. 자연으로부터 소외되고 자기 파괴적인 삶이 이어지고 있습니다. 주류 철학은 더 이상 전환점을 제공할 수 없습니다. 많은 이들이 영적인 탐색에서 대안을 찾고 있습니다.

라슬로: 경고와 변화의 시작을 알리는 인류의 집단 심리가 있는 것 같군요.

러셀: 부처가 되기 전에 싯다르타가 경험했던 것과 비슷하겠지요. 부처는 부유하게 태어났습니다. 모든 것을 가진 왕자였습니다. 맛있는 음식과 사치품 그리고 보석과 무희들이 그를 둘러싸고 있었습니다. 그러나 그는 부유함이 고통을 해소하지 못한다는 것을 깨달았습니다. 그의 가족과 가신들의 고통을 보았던 것입니다. 왕궁 밖에 더 큰 고통

이 있다는 사실도 알게 됐습니다. 이 고통을 끝내기 위해 그는 구도의 길로 나섰던 것입니다.

오늘날 우리도 비슷한 과정을 밟으려고 합니다. 물질적인 측면에서 본다면 우리는 왕자였던 부처보다도 더 풍요로운 삶을 누리고 있습니다. 부처처럼 우리 역시 풍요로움이 고통을 끝내기는커녕 오히려 부추긴다는 사실을 깨닫기 시작했습니다. 삶이란 무엇인지에 대한 심오하고 집단적인 물음이 제기되고 있습니다. 우리는 누구일까? 우리는 왜 여기에 있을까? 우리가 진정 원하는 것은 무엇일까? 한 명이 아니라 수백만 명이 물질문화를 넘어선 더 깊은 의미와 내면적 평화 그리고 영적인 허기를 충족시킬 수 있는 방식을 추구하고 있습니다.

라슬로: 희망의 신호가 있습니다. 만일 모든 이들이 행복과 진보의 기준으로 물질적 충족을 꼽는다면 우리는 캄캄한 터널을 빠져나가지 못할 것입니다. 진정 장삼이사의 사고방식이 바뀐다면 훨씬 더 나은 문화의 출현을 기대할 수 있습니다.

그로프: 저는 목적의식을 가지고 살아가는 이들을 연구했습니다. 이들은 수십 년간 열심히 노력해야 성취할 수 있는 일을 해냈습니다. 그러나 노력 끝에 성취를 하더라도 그들은 우울할 뿐이라고 호소합니다. 왜냐하면 이런 성취를 통해 얻을 수 없는 것을 기대했기 때문입니다. 조지프 캠벨Joseph Campbell은 이런 상황을 '사다리 끝에 올라가서야 잘못된 방향으로 올라왔음을 깨닫는 것'이라고 불렀습니다.

서로 다른 목적을 일관되게 추구해야 한다는 강박이 우리 서구 문화에 있습니다. 행복이라는 신기루를 좇는 것은 미래에 거짓말로 판명날 일입니다. 결코 그런 식으로 만족감을 느낄 수 없습니다. 무엇인가 바뀌어야 한다는 것을 느끼고 있습니다. 우리는 서로 다르게 보이기를 원하고 더 많은 돈과 권력, 지위, 명성을 얻고자 하고 새로운 파트너를 구하고자 합니다. 현재의 삶은 더 나은 미래를 위한 도구 취급을 받고 있습니다. 우리의 삶을 현실적 성취 너머로 계속 밀고 가게 하는 것은 바로 이 공허하고 불만족스러운 삶의 유형입니다. 많은 것을 성취했지만 행복하지 않았던 사람들의 사례를 볼 수 있습니다. 아리스토텔레스 오나시스Aristotle Onassis, 하워드 휴스Howard Hughes 그리고 많은 이들이 여기에 해당합니다. 그러나 이런 사례에서 우리는 아무것도 배우지 않습니다. 경우가 다르다고 생각할 뿐입니다.

동시에 저는 이런 유형의 심리적 뿌리를 발견하고 한계를 뛰어넘을 수 있는 사람들을 반복해서 봐왔습니다. 그들은 삶에 대한 그런 태도가 생물학적 탄생의 트라우마가 아로새겨져 있는 무의식의 장에서 기인한다는 사실을 깨달았습니다. 우리는 의지와 무관하게 태어났지만 태어날 당시에 입은 충격을 지워버릴 수 없습니다. 그 기억은 고스란히 무의식에 살아 있습니다. 각인은 마치 실크스크린의 스텐실처럼 기능합니다. 그것을 통해야만 세상을 바라보거나 역할을 정할 수 있는 것입니다. 태어나는 과정에서 살아남기 위해 태아가 몸부림쳤던 것처럼 우리는 현재의 상황을 즐기지 못합니다. 우리는 미래의 해결책을 찾고자 합니다. 물론 해결책은 언제나 우리 앞에 있습니다.

실존주의자들은 이런 전략, 다시 말해 미래의 더 나은 상황에 있는 자신을 상상하고 신기루를 계속 추구하는 것을 자동 투사라고 부릅니다. 결코 기대했던 것을 이룰 수 없다는 점에서 일종의 패자 전략입니다. 진실한 만족을 가지지 못하는 비본래적 삶을 이끄는 주범입니다. '쥐들의 경쟁'이나 '러닝머신 위를 달리기'처럼 쳇바퀴 도는 일상이 계속될 뿐입니다. 단 하나의 해결책은 내면으로 눈을 돌려 이런 삶의 유형을 현재의 경험에서, 그리고 심리 영성적 부활의 과정에서 완전하게 만들어야 한다는 것입니다. 완전한 만족은 존재의 정신적 차원과 우리 자신의 신성을 경험하는 것에서 얻을 수 있는 것이지, 물질적인 목표를 통해 달성될 수 있는 것이 아닙니다. 만족할 수 없는 탐욕의 정신적 뿌리를 정확하게 인식하면 사람들은 대답을 찾기 위해 내면으로 눈을 돌려 전환을 모색해야 한다는 것을 깨달을 것입니다.

라슬로: 이런 자각이 늘어나고 있습니까?

그로프: 확실히 늘어나고 있습니다. 점점 더 많은 사람들이 자동 투사는 작동 불가능한 파산적 전략이라는 결론에 도달하고 있다는 것을 짐작할 수 있습니다. 물질적 성공이 결코 만족감을 줄 수 없고, 외부적 목표의 추구가 결국 해결할 수 없는 난제로 귀결된다는 사실을 사람들은 깨달아가고 있습니다. 어쨌든 내면적 세계로 눈을 돌리면서 안으로부터 바뀌고 있습니다. 글로벌 규모에서 목격할 수 있는 성장의 한계가 이런 각성을 촉진하기도 합니다.

불행하게도 근본적인 전환을 경험하는 이들을 정신과 의사는 병적이라고 진단하고 약물 처방을 내립니다. 저와 제 아내 크리스티나는 힘든 심리적 영성 전환의 과정, 우리 식으로 말하자면 '영성적 비상 상태'를 겪고 있지만 정신병 치료를 받는 사람들이 꽤 있다는 것을 알고 있습니다.

러셀: 어떻게 보면 우리 문화 자체가 영성적 비상 상태에 놓여 있습니다. 그 기원은 1960년대 후반으로 거슬러 올라갈 수 있습니다. 사회를 구성하던 많은 부분이 처음으로 당대의 세계관에 도전하기 시작했습니다. 그들은 구태의연한 물질주의적 패러다임에 기초하지 않은 다른 작동 방식, 인간과 세계와 관계하는 다른 방식을 도모했습니다.

당시에 벌어졌던 일들은 우리에게 나이브하게 보일 수도 있습니다.

그러나 중요한 통찰은 변하지 않았고 우리 문화에 깊은 영향을 끼쳤습니다. 당시에 명상은 해괴한 짓이었습니다. 그러나 지금은 많은 이들이 명상을 수행하고 있습니다. 심지어 명상은 회사에서도 가르치고 있지요. 명상은 이제 존중받는 활동이 됐습니다. 요가의 경우도 비슷합니다. 1960년대에 요가는 전위였습니다만 오늘날 전 세계적으로 수백만 명이 요가를 하고 있습니다.

다른 사례로 심리 치료를 들 수 있겠습니다. 과거에 심리 치료를 받는다고 하면 심리적으로 심각한 문제가 있는 것으로 간주됐습니다. 오늘날 캘리포니아에서는 심리 치료를 받지 않는 것이 이상한 일이 됐습니다. 심리적으로 건강한 이들도 잠재적 능력을 완전히 발휘하지 못한다는 것을 알고 자신들을 한 걸음 물러서게 만들고자 합니다.

30년 전에는 자기 계발이 누구의 관심도 끌지 못했습니다. 오늘날 자기 계발은 주류입니다. 1960년대 케임브리지대학을 다닐 때 영국에서 가장 큰 서점에 가보면, 서가 하나 정도에만 심원한 영적 가르침을 담은 책들이 꽂혀 있었습니다. 오늘날 우리는 어떤 도시를 가든 의식이나 형이상학적 관점에 대해 이야기하는 책들이 수북한 서점들을 여러 곳 볼 수 있습니다.

이런 관심의 성장은 베스트셀러 목록에서도 확인 가능합니다. 몇 년 동안 베스트셀러의 절반 이상이 자기 계발이나 영성, 의식에 대한 것이었습니다. 독자들이 읽고 있는 책들이 이런 종류라는 것입니다. 이런 문제에 관심을 갖고 있다는 뜻이지요. 뿐만 아니라 영화, 텔레비전, 잡지, 심지어 인터넷에서도 비슷한 유형을 발견할 수 있습니다. 급속하게 성장하는 추세입니다.

라슬로: 하나의 문제를 제기할 수 있습니다. 시간이 지날수록 더욱 저를 빠져들게 만드는 문제입니다. 그것은 바로 개인으로서 우리가 두

개골과 피부에 갇힌 수인囚人이 아니라 타인이나 지구 상의 모든 생명과 직접 묶여 있다는 것입니다. 그래서 현재와 같은 상황이 발생했을 때, 진정한 위험이 가해지는 곳에서 무엇인가 우리의 마음을 관통하는 것이 있습니다. 대부분은 의식적으로 인지하지 못하고 있지만 일종의 경고가 울리고 변화를 추동합니다. 이런 의미에서 개인의 의식에 집단 무의식 또는 인류의 정신, 말하자면 인간의 지적 활동이 나타나기 시작한다고 말하는 것도 과장이 아닐 것입니다. 경제적, 정치적, 사회적인 힘 너머에서 작동하는 힘이 있습니다. 이 힘이야말로 우리를 생존하게 만들 것입니다. 일반적인 요인들을 고려하면 희망은 없어 보입니다. 그 힘이 없다면 우리는 제때에 변화할 수 없을 것입니다.

우리 세계의 역동성은 시차를 통해 발생합니다. 시차를 무시할 수는 없습니다. 일찌감치 우리는 변화해야 했습니다. 그러지 못했기 때문에 미래의 위기를 초래하는 것입니다. 그러나 개인적인 의식을 관통하는 무엇이 집단 무의식에 있다면 상황은 훨씬 희망적입니다.

그로프: 동의하지 않을 수 없군요. 세계에서 벌어지는 사건은 반드시 논리적이고 선형적으로 진보하는 것은 아닙니다. 라슬로와 저는 동유럽 출신이라 거기에서 벌어지고 있는 정치적 발전에 많은 관심을 가지고 있습니다. 베를린 장벽이 무너지기 일주일 전에 누군가 이런 일이 일어날 것이라고 말했다면 아마도 모두 비웃었을 것입니다. 40년 동안 지속한 전체주의와 독재적인 정치 통제 이후에 고르바초프가 헝가리와 체코슬로바키아 그리고 폴란드 같은 위성국가의 처지를 배려해서 자유가 주어졌다고 말한다면 설득력이 없을 것입니다. 하룻밤 사이에 소련이 해체되어 강대국의 자리에서 내려온 것이 아닙니다. 이런 사건들은 결코 예견되거나 과거에서 외삽된 것이 아닙니다. 무엇인가 작동하던 요인이 있었던 것이 틀림없습니다.

라슬로: 이 과정들은 비선형적으로 비약적으로 일어납니다. 우리는 복잡계가 작동하고 전환되는 방식을 알아야 합니다. 중요한 전환은 세세하게 예측하기 어렵습니다. 오직 우리는 근본적으로 새로운 것을 만들어낼 수 있다는 희망만을 가질 뿐입니다. 그런데 혁명적 변화가 우리 마음과 관련을 맺고 있을까요? 과연 변화가 의식에서 일어날 수 있을까요? 비록 지금 변화의 징조가 미약하다고 할지라도 의식의 변화는 수년 내로 닥쳐올 수 있을까요? 의식혁명의 문턱에 과연 우리는 서 있는 것일까요?

러셀: 확실히 가능하다고 봅니다. 개인적 발전에 대한 관심이 이 정도 수준으로 계속 유지된다면, 이런 관심이 실질적인 의식의 변화로 이어지는 것은 시간문제입니다. 긍정적 피드백을 통해 기하급수적으로 가속화하는 내면적 깨어남을 우리는 목격할 수 있을 것입니다. 더 많은 사람들이 깨어날수록 내면적 깨어남에 대해 더 많이 배우게 되겠지요. 내면적 깨어남이 실행되면 될수록 사회적인 환경도 더욱 달라질 것입니다. 더 많은 사람들을 더 빨리 깨어나게 할 것입니다. 점점 더 쉽게 의식에 변화가 일어나리라고 봅니다. 깨어남은 집단적인 의식의 도약에서 정점을 찍을 것입니다.

죽음과 부활: 멸종과 갱생

러셀: 의식혁명이 가능하다고 할지라도 다른 많은 시나리오가 있습니다. 앞서 말했듯이 우리는 예측 불가능한 시대에 살고 있습니다. 변화의 속도가 너무 빠르고 세계는 너무 복잡합니다. 그래서 10년 뒤에, 아니 5년 뒤에 세계가 어떻게 될지 누구도 예측할 수 없습니다. 확실한 것은 많은 예측 불가능한 변화를 확인할 수 있다는 사실입니다. 재

난일 수도 있고 정치적인 격변일 수도 있습니다. 의식의 전환이 일어날 수도 있습니다. 그러나 지금 우리가 무슨 일이 어떻게 일어날 것인지 예측할 수 있다고 생각하진 않습니다. 전적으로 예측 불가능한 사건에 대비해야 합니다. 어떤 일이든 예비를 해야 합니다.

라슬로: 아무 일도 일어나지 않을지도 모르지요. 그것이 더 나쁜 일일 것입니다.

러셀: 아무 일도 일어나지 않을 수는 없습니다.

라슬로: 제 의미는 우리가 그 변화를 경험하지 못할지도 모른다는 것입니다.

러셀: 그럴 수 있습니다. 이것이야말로 진정한 공포입니다. 이 공포를 더 깊이 들여다봐야 합니다. 왜냐하면 죽음과 관련되어 있기 때문입니다.

개인적인 죽음은 우리 생애에서 유일하게 확실한 것입니다. 죽음을 인지한다는 것은 우리 자신의 개인성을 의식하고 미래를 전망할 수 있는 능력을 위해 지불해야 하는 대가입니다. 죽음은 피할 수 없습니다. 그러나 우리 대부분은 죽음 따위는 결코 일어나지 않을 것처럼 살아갑니다. 죽음을 생각하지 않으려고 합니다. 결코 부인할 수 없는 일을 부인하는 것이 우리 삶입니다.

동일한 일이 집단적으로도 일어납니다. 우리는 세계와 문명의 종언을 두려워합니다. 그러나 아마도 이런 종언 역시 불가피합니다. 어떤 문명도 영원한 것은 없었습니다. 왜 우리 문명만 특별하다고 생각하는 것일까요? 치료사들과 영성적 교사들은 자신의 유한성을 인정하는 것이 건강에도 좋고 우리가 할 수 있는 가장 해방적인 일이라고 가르칩니다. 집단적인 차원에서도 마찬가지입니다. 우리가 알고 있는 세계의 종언을 받아들이고 끌어안아야 합니다.

보통 우리는 반대로 행동합니다. 사실을 부인하고 거부합니다. 이런 일이 일어나지 않기를 바랍니다. 너무도 익숙해져버린 편안한 삶의 방식을 포기하고 싶지 않기 때문일 것입니다. 그러나 종국에는 사실을 받아들여야 합니다. 이런 인정이 새로운 가능성을 열어젖힐 것입니다. 훨씬 더 풍성하고 영적으로 삶을 바라보는 방식의 가능성 말입니다.

라슬로: 인류는 자신을 변화시키고 갱생할 수 있는 능력을 가진 종이라고 믿습니다.

러셀: 원칙적으로는 그렇지요. 그러나 너무 늦지 않게 그 가능성을 열어야 할 것입니다. 시간이 없습니다.

라슬로: 저도 그렇게 느낍니다. 점점 더 그렇게 느끼고 있지요. 시간이 정말 없어요.

러셀: 우리는 이런 가능성에 열려 있어야 합니다. 가능성을 억누르는 것이야말로 가장 위험한 짓입니다.

그로프: 지금까지 해온 작업에 근거해 저는 죽음을 좀 더 큰 맥락에서 보고자 합니다. 영성적인 관점에서 말이지요. 의식의 비범한 상태에서 죽음과 조우하는 것은 심리 영성적 전환에서 핵심적 요소입니다. 죽음은 자기 내면을 탐색하는 과정에서 상징적으로 마주칩니다. 영적

인 개방이 이뤄지는 신비한 경험입니다. 이런 경험을 위해 생물학적인 죽음을 이용하기도 합니다. 티베트와 인도에서 볼 수 있는 죽음과 관련된 전통이 그 사례입니다. 이들 전통에 따르면 산 자는 묘지나 화장장에서 일정한 시간을 보내면서 죽어가는 이들이나 이미 죽은 시체와 접촉합니다. 영적인 실천을 이루는 중요한 부분이지요.

죽음을 내적으로 마주할 때 우리에게 일어나는 것은 생물학적 종말이 아니라 자아의 사멸입니다. 우리는 이 과정에서 자신이 몸-자아 또는 앨런 와츠Alan Watts가 '살갗에 둘러싸인 자아'라고 부른 자아가 아니라는 사실을 발견합니다. 새로운 우리의 정체성은 훨씬 더 큽니다. 우리는 다른 인간, 동물, 자연, 우주를 전체로서 알아채기 시작합니다. 다르게 말하자면 우리는 영적이거나 개인의 한계를 넘어선 자아로 나아갑니다. 이런 자아는 인종과 문화, 정치 그리고 종교에 대해 더 커다란 포용력을 발휘하고 환경적인 경각심을 품고 있습니다. 이것이야말로 현재의 지구적 위기에서 진정으로 중요한 변화입니다.

임사 체험near-death experiences, NDEs을 한 사람들에게 이와 비슷한 일들이 일어나고 있습니다. 전형적으로 이들은 새로운 가치와 새로운 삶의 방식을 전격적으로 받아들였습니다. 이들은 삶을 고귀한 것으로 여기고 한순간도 놓치고 싶어 하지 않게 됐습니다. 자동 투사에 빠져서 시간을 낭비하지 않게 됐습니다. 비로소 여기 지금 현재를 살게 됐다는 뜻입니다.

돌이켜보면 미래의 만족이라는 신기루를 좇는 것만큼 시간 낭비도 없습니다. 죽음의 체험을 통해 삶을 돌아보았을 때, 지금 현재의 삶이야말로 철저히 살아야 할 시간이라는 사실을 깨닫게 됩니다. 죽음과 마주했을 때 얻을 수 있는 교훈이 바로 이것입니다. 생물학적 죽음이든, 명상 중에 조우하는 상징적 죽음이든, 환각의 순간이든, 전체지향 호흡요법holotropic breathwork[1]이든, 자발적인 심리 영성적 위기이든 임사 체험은 우리를 변화시킵니다.

러셀: 몇 주 전에 세상을 떠난 친한 친구가 있습니다. 친구는 암에 걸렸고 1년 넘게 죽음을 준비했습니다. 그녀가 세상을 떠났을 때 저도 금세 따라 죽고 싶었습니다. 처음에는 그 느낌의 정체를 몰랐지만 곧 깨달았습니다. 더 알차게 살아가기 위해 자아 차원의 죽음이 필요했던 것입니다.

몇 주가 지난 뒤에 저는 그녀의 남자 친구를 만났고 그 또한 아주 유사한 경험을 했다는 사실을 알았습니다. 물론 저보다 훨씬 더 심각했습니다. 여자 친구의 임종을 보면서 자신도 죽었다고 생각했답니다. 피할 수 없는 죽음의 경험이 그에게 심오한 영향을 미쳐서 더 이상 과거처럼 삶을 영위할 수 없게 만들어버렸습니다. 그는 말했습니다. "저는 한순간도 삶의 시간을 허비하지 않을 것입니다. 진짜 삶을 살아갈 기회를 놓치지 않겠습니다." 연인이 죽음으로써 그의 반은 죽고 반은 살아났습니다. 정말 강력하고 감동적인 경험입니다.

라슬로: 저 역시 최근에 심오한 경험을 했습니다. 인도의 오로빌Auroville 공동체에 있었을 때 일입니다. 어느 날 밤새 뒤척이면서 한잠도 자지 못했습니다. 이유를 알 수 없었지요. 다음 날 아침 제 모친이 세상을 떠났다는 소식을 들었습니다. 그다음 날 저는 북쪽에 있는 다람살라Dharamsala로 가서 달라이라마를 만났습니다. 거기에서 보낸 사흘 중 하루가 티베트 사람들이 중요하게 생각하는 망자의 나흘째 날이었

1 그로프가 창안한 호흡법으로 한국의 단전호흡과 유사하게 명상 요법으로 활용된다. 그리스어로 전체를 뜻하는 holos와 사물을 향한다는 의미의 trepein을 합성해서 만든 용어로, 개인적 차원을 넘어서서 전체를 조망하는 것을 목표로 삼는 수련법이다.

습니다. 죽은 지 나흘 뒤에 망자의 영혼이 이승을 떠난다는 날입니다. 티베트의 승려들과 함께 저는 그날을 보냈습니다. 이것이 끝이 아니라는 것을 느꼈습니다. 이런 경험은 서양에서 죽음을 대하는 방식과 너무도 달랐습니다. 그 이후로 이 경험은 제 삶의 일부가 됐습니다. 상실감이 있었지만 절대적인 것이 아니었습니다. 무엇인가 끝난 것이 아니라 바뀐 것에 불과했습니다.

그로프: 이런 이야기들은 강력한 전환적 경험을 한 이들의 자각처럼 들리는군요. 죽음은 존재의 절대적 종착역이나 끝이 아닙니다. 죽음은 다른 존재로 바뀌는 중요한 이행입니다.

라슬로: 삶과 죽음 그리고 부활에 대한 동양의 지식은 수천 년 동안 전해 내려온 것입니다. 서양에 있는 우리는 지금 이런 통찰을 재발견해야 합니다.

그로프: 이곳과 다른 세계에서 수천수만 년간 지속해온 전통이지요. 40년 전에 환각을 연구하기 시작하면서 프로이트의 정신분석을 접했는데, 심리에 대해 너무 협소하고 피상적인 모델이었습니다. LSD 약물을 사용해서 실험했던 모든 이들은 자전적 진술과 개인적 무의식에 한정되어 있는 프로이트의 틀에서 이내 벗어났습니다. 프로이트 이론과 서양의 심리 치료로 설명할 수 없는 광범위한 경험을 하기 시작했던 것입니다. 3년 동안 참을성 있게 기록하면서 저는 인간 심리를 새롭게 담아낼 수 있는 지도를 발견했다고 믿었습니다. LSD야말로 유력한 연구 수단이라는 것을 알게 됐습니다. 그렇지만 모든 경험을 망라한 지도를 완성했을 때, 환각 과정 동안 봤던 것들이 전혀 새로운 것이 아니라 이미 고대부터 있던 지도를 재발견한 것에 불과하다는 사실을 깨달

았습니다.

제 지도에 포함되어 있는 많은 경험이 샤머니즘과 고대 치료 기술 그리고 인류의 종교에 대한 인류학적 문헌에 묘사되어 있었습니다. 샤머니즘에서 의식의 비범한 상태는 많은 새내기 샤먼들이 겪는 초기 현상이었습니다. 그리고 샤먼의 치료 의식에서 매우 중요했습니다. '통과의례'에서도 비슷한 경험들이 있다고 네덜란드 인류학자인 아르놀트 판 헨네프Arnold van Gennep의 책에 기술되어 있습니다.

통과의례는 출산, 할례, 사춘기, 결혼, 폐경, 노화 그리고 죽음과 같은 결정적인 생물학적, 사회적 이행기에 수행되는 원주민 문화입니다. 이런 제의에서 원주민 샤먼들은 비범한 상태를 유도하기 위해 비슷한 방법('신성한 기술')을 사용합니다. 예를 들자면 북을 치거나 방울 소리를 내고, 춤을 추거나 노래하고, 집단에서 격리되거나 감각을 분리시키고, 음식을 먹지 않거나 수면을 취하지 않고, 신체적인 고통을 가하거나 환각 작용이 있는 식물을 사용합니다.

제가 확장해서 만든 심리 지도에 나타나는 많은 경험은 지중해와 중앙아메리카에서 널리 퍼져 인기를 구가했던 죽음과 부활에 대한 고대적 신비를 그리는 문헌에서도 찾을 수 있습니다. 이 모든 신비한 이야기는 신과 반신 그리고 전설적인 영웅들의 죽음과 부활을 묘사하는 신화에 기반을 두고 있습니다. 이난나Inanna[2]와 탐무즈Tammuz[3], 이시스Isis와 오시리스Osiris[4], 디오니소스Dionysus, 아티스Attis[5], 아도니스Adonis[6], 케찰코아틀Quetzalcoatl[7] 그리고 마야의 쌍둥이 영웅들[8]이 신화

2 고대 바빌론의 여신. 사랑, 다산, 전쟁을 상징했다.

3 고대 수메르의 신. 음식과 농업을 관장하는 신.

4 고대 이집트의 남녀신. 오누이이자 부부로서 파라오의 조상으로 여겨진다.

5 고대 프리지아와 그리스 신화에 등장하는 농업을 관장하는 신. 겨울에 죽었다가 봄에 부활한다.

6 고대 그리스 신화에 등장하는 미청년. 실수로 에로스의 화살에 찔린 아프로디테가 사랑에 빠진다.

7 중앙아메리카 나우아족의 신. 깃털 달린 뱀이라는 의미다.

8 우나푸와 이스발란케. 고대 마야 신화에 등장하는 왕족의 조상들.

의 주인공이었습니다. 이런 신비로운 이야기는 정신에 변화를 주는 많은 과정을 보여줄 뿐만 아니라 강렬한 죽음과 부활의 경험을 공유합니다.

제의 중에서 가장 유명한 것이 그리스 아테네 근처의 엘레우시스Eleusis에서 2,000년 동안 5년마다 거행된 엘레우시스 비밀 의례이지요. 멕시코의 마법 버섯을 유럽으로 가져온 고든 와슨Gordon Wasson, LSD를 발견한 앨버트 호프만Albert Hoffmann, 그리스 학자인 칼 뤼크Carl Ruck가 수행한 흥미로운 연구는 엘레우시스 비밀 의례의 핵심이 성스러운 묘약 키케온kykeon이었다는 것을 보여줍니다. 맥각으로 만든 환각제인 키케온은 LSD와 유사했습니다. 아내인 크리스티나와 함께 엘레우시스를 방문했을 때, 5년마다 3,000명이 넘는 사람들이 비밀 의례를 위해 모였다는 것을 알게 됐습니다. 이런 환각 의례를 빼놓고 고대 그리스 문화와 그것의 영향을 받은 유럽 문화를 생각할 수 없습니다. 역사가들은 이 사실을 인정하지 않고 있지요.

고대 그리스에서 비밀 의례에 참가한 이들의 명단은 '고대의 인명사전'이라도 만들 수 있을 정도입니다. 철학자인 플라톤, 아리스토텔레스, 에픽테토스Epictetus, 시인인 핀다로스Pindar, 극작가인 에우리피데스Euripides와 아이스킬로스Aeschylus, 장군인 알키비아데스Alkibiades 그리고 로마 정치인 키케로Cicero 등이 모여들었습니다. 저는 이런 사실을 확인하면서 의식의 비범한 상태에 대한 우리의 연구가 고대의 지식과 지혜를 재발견하는 것에 지나지 않는다는 것을 알았습니다. 우리가 했던 것은 현대적 용어로 재규정한 것뿐이었습니다.

러셀: 그렇습니다. 우리가 하는 일은 다양한 문화에서 오랜 시간 동안 존재해온 지혜를 재발견하는 것입니다. 우리가 탐색하는 것은 마음의 본성입니다. 마음의 본성은 인류 역사에서 크게 변하지 않았습

니다. 변한 것은 의식과 지식, 그리고 세계를 이해하는 방식과 우리의 믿음, 가치들이지요. 이런 것들이 놀랍도록 변화한 것입니다. 그러나 마음은 여전히 덫에 걸려 있습니다. 공포에 사로잡히고 집착에 빠지고 욕망에 휘둘리는 마음의 상태는 전혀 바뀌지 않았습니다. 본질적인 마음의 역동성은 2,500년 전이나 오늘이나 같습니다. 이런 까닭에 우리는 플라톤이나 우파니샤드Upanishad를 여태 읽고 있는 것이겠지요.

인류 역사에서 인간 의식에 잠재된 해방적 가능성을 인지해온 이들이 아예 없는 것은 아니었습니다. 많은 이들이 서로 다른 인식의 방식을 스스로 발견하면서 내면적 평화에 이르거나 더 풍부하고 조화로운 관계를 세계와 맺어왔습니다. 그럼으로써 공포나 자기중심적 생각에서 벗어날 수 있었습니다. 성인이나 현자 그리고 샤먼들이 다양한 문화에서 존속했습니다. 그들 중 많은 이들은 훨씬 해방된 의식으로 깨어나도록 타인을 도왔고 장애로부터 마음을 해방시킬 수 있는 다양한 기술과 실천들을 개발했습니다. 이러저러한 방식으로 이들은 인식의 자기중심적 방식 너머로 사람들이 나아가게 했습니다.

라슬로: 이런 통찰과 기술을 서양으로 퍼뜨리는 것이 우리가 하고 있는 일에 어떤 영향을 미칠까요? 우리는 서로 어떻게 관계를 맺을 수 있을까요? 어떻게 본성과 관계를 맺을 수 있을까요?

그로프: 그런 통찰과 기술이 세계관과 삶에 대한 실천적인 접근을 바꿀 것이라고 확신합니다. 우리의 산업 문명과 고대인과 원주민 문화를 비교해보면 확연하게 차이를 알 수 있을 것입니다. 차이의 양상 중 하나는 물질세계에 대한 지식의 깊이와 자질에 연관되어 있습니다. 서양의 과학은 천체물리학에서 양자까지 명백하게 많은 것들을 발견했습니다. 고대인과 원주민 문화가 알지 못했던 것입니다. 시간에 따라 진

보하는 것은 자연스러운 일입니다. 기대 가능한 것이지요.

그렇지만 이런 차이에 특별하면서도 놀라운 것이 숨겨져 있습니다. 우주의 영성적인 차원의 존재 여부를 놓고 근본적으로 의견이 나뉘는 것입니다. 서양의 과학에게 우주는 본질적으로 자기 창조적인 물질 체계입니다. 원리적으로 움직이는 자연법칙인 것이지요. 삶, 의식 그리고 지능은 우연히 발생한 물질의 부가물일 뿐입니다. 반대로 고대인과 원주민 문화는 현실의 중요 양상으로서 일상적인 비가시적 영역과 영적인 차원을 포괄하는 영혼의 우주라는 개념을 가지고 있습니다.

두 세계관의 차이는 원시적인 미신을 넘어선 서양 과학의 우월성에서 기인한 것으로 받아들여져왔습니다. 물질주의적인 과학자들은 영성적인 것이 지식의 영역에 속하지 않는다고 여깁니다. 미신, 소망 충족의 판타지, 원시적 마법의 사고방식, 하늘에 대한 유아적 투사, 정신병리학적인 문제로 바라보는 것입니다. 그러나 좀 더 진중하게 관심을 기울인다면 차이의 이유가 다른 데 놓여 있다는 것을 깨달을 수 있습니다. 40년 동안 의식을 연구한 결과 저는 차이를 만들어내는 진짜 이유가 의식의 비범한 상태에 대한 서양 산업 문명의 나이브함과 무지함이라는 사실을 알게 됐습니다. 모든 고대인과 원주민 문화는 의식의 비범한 상태를 높이 평가했습니다. 다양한 목적으로 도입하고 이용하기 위한 안전하고 효과적인 방식들을 오랜 시간 동안 개발했습니다. 비범한 상태는 제의적이고 영성적인 삶, 질병의 검사와 치료, 직관과 특별한 감각적 인식의 계발, 예술적 영감을 위해 사용됐던 도구였습니다.

러셀: 앞서 언급했지만 의식에 대한 관심의 흐름이 성장한 것은 1960년대로 거슬러 올라갈 수 있습니다. 이런 변화의 많은 부분이 의식의 비범한 상태에서 촉발됐다는 것은 흥미롭습니다. 환각이 광범위

하게 사용되고, 우리가 지금 이야기하고 있는 상태가 많은 사람에게 파급된 것은 역사상 처음 있는 일이었습니다. 아주 깊은 충격을 가했습니다. 많은 이들이 그 경험을 통해 심각하게 변모했습니다. 그리고 사라지지 않았습니다.

티머시 리리Timothy Leary를 기억합니다. 1980년대 초반 그는 그 많던 꽃의 아이들(히피족)은 어디 갔는지 질문을 받자 씨앗으로 다시 돌아갔다고 대답했습니다. 바로 그것입니다. 오늘날 그 사람들은 40대 후반이거나 50대입니다. 몇몇은 떨어져 나갔습니다만 대부분은 사회로 돌아갔습니다. 결혼을 하고 아이를 낳고 경력을 쌓았지요. 드물지만 몇몇은 사회적으로 명망 있고 힘 있는 지위에도 올랐습니다. 이들 중 몇몇은 거대 기업의 사장이 됐다는 것을 압니다. 엔터테인먼트 사업도 하고 교육에 종사하기도 하고 정부와 보건 사업에서도 일하고 있습니다. 여전히 많은 이들이 1960년대에 획득한 전망과 통찰을 견지하고 있습니다. 미미하나마 몇몇은 새롭게 확보한 영향력을 이용해서 자신의 전망들을 세상에 내놓기도 합니다.

최근 몇 년 동안 일어난 다른 재미있는 발전은 의식에 대한 과학적 관심이 증가했다는 것입니다. 과거에 과학은 의식 문제는 한편으로 밀어뒀지요. 좋은 이유도 있습니다. 다른 사물에 사용하는 잣대를 의식에 들이댈 수는 없습니다. 정확히 의미를 밝히기도 규정하기도 어렵습니다. 물리적인 세계는 의식 따위를 포함하지 않고도 잘 작동하는 것처럼 보이기에 그 문제를 고민해야 할 부담도 없는 것 같습니다. 그러나 오늘날 상황은 변화하고 있습니다. 부분적으로는 의식의 문제에 초점을 맞춘 뇌 기능에 대한 지식의 증가 때문이기도 합니다. 과학자들과 철학자들이 질문하기 시작했습니다. 의식은 무엇인가? 의식은 어떻게 뇌 활동과 연결되어 있는가? 어떻게 의식은 진화했는가? 어디에서 의식은 오는가? 지난 몇 년 사이에 이 문제를 밝히기 위한 국제 과학 학술회의가 열렸습니다. 그리고 「의식 연구The Journal of Consciousness Studies」라는 새로운 저널이 창간됐습니다.

의식 탐색의 시작은 일부분 과학 발전의 결과이긴 합니다. 하지만 의식의 비범한 상태를 더 많은 사람이 경험하게 됨으로써 나온 결과라고 말할 수도 있을 것입니다. 이런 경험은 의식에 대한 사람들의 태도를 혁명적으로 바꿉니다. 그로프가 말했듯이, 사람은 이런 본성을 깊이 경험하지 못하고 마음과 현실의 모델에서 무엇인가 빠져 있다는 사실을 깨닫지 못합니다.

현실에 대한 관점에 심대하고 거대한 혁명적 변화가 일어나는 중이라고 생각합니다. 우리는 그 가운데에 있는 것이지요. 오래된 물질주의적 모델들은 점점 설득력을 상실해가고 있고, 한편으로 우리는 새로운 이해를 더불어 획득하게 될 것입니다. 새로운 모델은 마음과 의식을 현실의 근본 양상으로 받아들일 것입니다. 이런 방향으로 우리가 나아가고 있습니다.

라슬로: 이런 변화는 보수적인 주류 과학의 무지에도 불구하고 일어나고 있습니다. 사람은 자기도 모르게 변화할 수 있습니다. 어디에서 변화가 오는지 알 수 없더라도 말이지요. 6, 7년 전에 하나의 생각을 떠올린 적이 있습니다. 그냥 스쳐 가는 생각일 수도 있었지만 충분히 살펴볼 만했지요. 그것에 대해 짧은 에세이를 한 편 썼습니다. '심리-장 가설'이라는 제목을 달아 이탈리아어로 출판했습니다. 그런 뒤에 까맣게 잊고 있었는데 다른 분들이 환기시켜줬습니다. 그 책이 나오자 독자들이 계속 저를 불러주고 언급을 하고 연구를 했습니다. 저도 그때 잠깐 스쳐 간 생각보다 더 심오한 것이 있겠다는 생각이 들더군요. 아직 그 생각을 버리지 않았습니다. 뜻밖에도 그 생각이 저를 사로잡게 됐습니다. 지금 거기에 대해 계속 생각 중입니다. 더 연구하면

할수록 심리-장과 조응하는 무엇이 우주에 있다는 것을 발견하고 있습니다. 아주 미약하지만 서로 교호하는 정보의 장을 심리-장이라고 부를 수 있겠지요.

이런 직관은 전적으로 의식적인 것은 아닙니다. 그 개념을 왜 떠올렸는지 잘 모르겠습니다. 처음에는 아무 생각도 마음에 없었습니다.

이 같은 것들이 오늘날 지속적으로 발생하고 있다는 것을 깨닫게 됩니다. 어떤 탐구를 촉진하는 충동 같은 것입니다. 시대의 신호 같은 것입니다. 역사적으로 특별하게 불안정하고 전환적인 시대에서 우리가 살아가고 있다는 사실에 대한 방증일지도 모릅니다. 우리는 진정 충분히 빨리 변하고 있는가? 변화는 제대로 영향을 미치고 있는가? 이것이 질문입니다. 물론 변화는 예측할 수 없습니다. 변화들이 초래할 결과를 낙관할 수 있을까요?

의식혁명?

러셀: 4년 전에 일어난 일에 대해 이야기해보겠습니다. 제 자신과 작업에 심대한 영향을 끼친 사건이지요. 『시간의 화이트홀』이라는 신간 홍보차 미국에서 강연 투어를 하고 있을 때였습니다. 강연의 요지는 여기에서 이야기하고 있는 내용이었습니다. 우리가 직면하고 있는 글로벌 위기의 뿌리는 다른 무엇도 아닌 의식의 위기라는 것이었습니다. 열대우림 파괴를 멈추고 공해를 막고 탄소 배출을 줄이고 오존층이 사라지지 않도록 하는 것만으론 세계를 구할 수 없다고 했습니다. 이런 문제를 야기한 이기적이고 물질주의적인 의식의 방식에서 풀려나야 한다고 제안했습니다. 그러지 않으면 문제의 원인이 아니라 증상만을 건드릴 수 있을 뿐이라고, 문제에 문제를 덧입히는 조치에 불과하다고 했습니다.

그때 무엇인가 잘못됐다는 사실을 깨달았습니다. 말하는 것과 생각하는 것이 일치하지 않았던 것이지요. 제가 진실로 믿는 것을 말하지 않고 있었습니다. 제가 말한 것은 과거의 제 믿음이었습니다. 저의 관점은 점차 변화했고, 동일한 방식으로 생각할 수 없다는 것을 알게 됐습니다. 제 과거를 이야기하는 것이 불편했던 것입니다.

댈러스에서 사태는 악화됐습니다. 라디오에 출연했을 때 일입니다. 청취자들이 전화를 해서 질문을 하면 논평을 해주는 프로그램이었습니다. 놀랍게도 전화를 건 청취자 대부분이 환경 위기를 부인하고 있었습니다. 또는 위기가 자신들에게 영향을 줄 것이라는 점은 인정했지만 자신들이 원인 제공자라는 생각을 하지 못했습니다. 그들은 온실효과와 오존층 파괴라는 것이 좌파의 음모라고 확신했습니다. 설령 환경문제가 있더라도 미국은 괜찮고, 지금 현재 누리고 있는 라이프 스타일을 바꿀 이유가 없다고 생각했습니다. 미국적 삶의 방식에 의문을 제기하는 이들의 말을 경청할 준비가 전혀 갖춰져 있지 않았습니다.

이 일을 계기로 저와 같은 생각을 하지 않는 이들과 소통을 한다는 것은 불가능하다는 점을 알게 됐습니다. 저는 이미 생각을 바꾼 사람들에게 설교를 하는 셈이었습니다. 내면으로부터 중요한 것들을 환기시킬 가치 있는 일이었지만, 지금 현재 의식의 변화에 관심을 보이지 않는 대다수 사람들에게는 중요한 영향을 미칠 수 없었습니다.

이런 현실 앞에서 절망과 우울을 느꼈습니다. 그 과정에서 몰랐던 많은 일을 알게 됐습니다. 대다수 사람들로 하여금 이 문제에 관심을 갖게 만든다면 얼마나 빨리 의식의 변화를 초래할 수 있을까 하는 생각이 들었습니다. 제 자신을 한번 돌아봤습니다. 저는 30년 동안 명상을 실천했고 다양한 방식으로 의식을 탐구했습니다. 그러나 여전히 깨어남의 기회를 찾아 헤매고 있습니다. 여전히 오래된 사고 습관에 젖어 있고 자아의 마음은 여전히 시간에 지배받고 있습니다. 저는 여전히 모범적인 시민이 아닙니다. 여전히 갈 길이 멉니다. 내면이 성장 중에 있는 일개 인간일 뿐입니다. 그렇게 노력했음에도 모든 것이 이처럼 느리기만 하다면 심지어 이런 고민조차 하지 않는 이들에게 과연 희망이란 것이 있을까요? 제시간에 과연 인류는 깨어날 수 있을까요?

지금 당장 마법처럼 우리 모두 깨어난다고 가정해봅시다. 과연 그것도 우리 문제의 해결을 의미할까요? 오늘 밤 지구에 우주인이 찾아와서 갑자기 우리의 의식을 기적적으로 바꾸거나 새로운 부처가 텔레비전에 나와서 갑자기 우리의 생각을 바꿔준다면, 하루아침에 모든 것이 바뀔 수 있을까요? 우리 모두가 그렇게 깨어나고 완전히 깨달은 존재가 된다고 해서 모든 위기가 사라질 수 있을까요? 우리가 이미 당면한 문제들은 환경 파괴이고 인구 폭발이고 열대우림의 소멸이고 온실효과입니다. 이런 문제가 해결되려면 꽤나 오랜 시간이 걸릴 것입니다.

생각하시는 것처럼 이런 점이 저를 더 낙담하게 만들고 있습니다. 한번은 석유 회사 셸Shell의 프로젝트에 참가해 미래를 예상하는 시나리오를 쓴 적이 있습니다. 셸은 30년 앞을 내다보고 지도를 그리는 미래주의적 기업이었습니다. 프로젝트의 목적은 미래를 예측하는 것이 아니었습니다. 그것이 불가능하다는 사실을 그들도 잘 알고 있었습니다. 오히려 하고자 했던 것은 가능한 시나리오를 모두 구상한 뒤에 나아갈 방향을 설정하는 것이었습니다. 예를 들어 베네수엘라에 새로운 정유 시설을 갖추고자 할 때, 장고 뒤에 결정을 내리고, 그 결정이 서로 다른 경제, 정치, 사회 그리고 환경 시나리오에 따라 어떻게 전개되는지 점검합니다. 이 결정의 과정에 기초적인 전제가 모두 포함되어 있다는 것을 확인하고자 합니다.

저는 전적으로 '우리가 의식을 바꾸면 세계를 구할 수 있다'는 시나리오에 초점을 맞췄습니다. 이것을 시나리오 A라고 불렀습니다. 물론

조처가 너무 늦어서 결국 모두 망할 것이라는 시나리오 B가 있었지만 차마 생각하지 못했습니다. 전혀 즐거운 시나리오가 아니어서 되도록 떠올리려고 하지 않았습니다. 그러나 불편하긴 했지만 이 또한 가능한 시나리오 중 하나라는 사실은 부정할 수 없었습니다. 이 시나리오도 최대한 고려해야 했습니다.

그래서 결정했습니다. '좋다, 이것을 한번 검토해보자. 시나리오 B라면 어떤 일이 벌어지겠는가?' 글쎄요, 시나리오 B에 따라오는 다양한 추가 시나리오가 있을 수 있습니다. 그러나 공통점은 모두가 어렵고 고통스러울 것이라는 사실이지요. 심리적 고통은 말할 것도 없고 익숙한 모든 것과 결별해야 할 것입니다. 우리가 편안하게 여겼던 모든 것이 불가능해져서 삶이 곤궁해질 수밖에 없을 것입니다. 육체적 통증과 고통도 엄청나겠지요. 식량 공급이 어려워지면 무슨 일이 일어날까요? 라슬로, 아마도 당신이 이야기해줄 수 있을 것 같네요.

스스로에게 질문해봤습니다. 그런 환경이 닥치면 무슨 일을 해야 할까? 무엇을 도울 수 있을까? 가장 중요한 것은 돌봄과 공감 그리고 공동체입니다. 자그레브Zagreb에서 온 유고슬라비아 친구가 있습니다. 폭격으로 삶이 풍비박산 난 친구입니다. 저는 그녀에게 어떻게 난관을 이겨냈는지 물었습니다. 그녀는 친구들 덕분에 견딜 수 있었다고 말했습니다. 친구들과 차를 나누고 서로 돌봐주면서 그럭저럭 살 수 있었다는 것이지요.

우리는 어떻게 돌봄과 공감을 계발할 수 있을까? 이 때문에 저는 불교의 핵심 명제에 관심을 가지게 됐습니다. 집착과 욕망, 공포로 인해 사적인 세계에 포박되어 일신의 안락만 추구하는 태도를 어떻게 포기할 수 있을까? 그런 생각을 하던 차에 무엇인가 제 머리를 치고 가는 것이 있었습니다. 이것은 시나리오 A에 근거해서 제가 생각했던 것과 본질적으로 같은 길이었습니다. 의식의 전환을 통해 지구를 치료하고 우리를 구하려면 자기중심성과 사물에 대한 집착에서 벗어나야 합니다. 시나리오 B는 동일한 방향을 가리키고 있었습니다. 그 어려운 시대에서 살아남으려면 집착과 자기중심주의에서 풀려나야 하며 더 많은 사랑과 보살핌을 주는 존재가 되어야 합니다. 어떤 길을 택하든 동일합니다. 동일한 내면적 깨어남이 요청되는 것입니다.

이런 생각이 저를 자유롭게 해줬습니다. 우리가 해야 할 일은 어떤 시나리오를 택하든 동일합니다. 어떤 시나리오가 실현될 것인지는 전혀 중요하지 않습니다. 저에게 이 문제는 세계를 구하거나 실패한 세계에 대처하기 위해 의식을 고양시키는 일이 아닙니다. 어떤 경우든 의식을 고양시키는 것이 중요합니다. 어떤 경우든 내면적인 작업은 동일하게 필요합니다. 저는 어느새 결과에 아랑곳하지 않고 같은 길로 나아가고 있었습니다. 저에게는 정말 큰 변화였습니다.

라슬로: 가장 나쁜 시나리오를 생각해보면, 우리는 의식을 변화시켜야 하고 공감력을 발휘해야 하고 심지어 살아 있어야 합니다. 이런 '의식혁명'이 때맞춰 일어날 것이라고 보십니까?

러셀: 진실한 공감을 획득한다는 것은 엄청난 내면적 작업을 요구합니다. 때때로 고난은 공감 능력을 키웁니다. 그러나 항상 그렇진 않지요. 얼마나 개방적인 태도를 가졌는지에 따라 다릅니다. 그래서 여전히 내면에 초점을 맞춰야 합니다. 공포와 낡은 신념 체계로부터 풀려나야 합니다. 이기적 마음으로부터 풀려나야 합니다. 내면적 안정감을 더 발전시키고 물질적 집착에서 벗어날 필요가 있습니다. 그렇게 하면 할수록, 욕구가 일어날 때 더 유연해지고 더 공감할 수 있습니다.

저에게 전환점은 삶과 내면이 일치했을 때였습니다. 의식을 바꾼다는 것은 그 자체로 가치 있습니다. 그 변화가 아마도 파국을 피할 수 있는 세계로 우리를 인도할 것입니다. 그러지 않을 수도 있습니다. 하지만 어떤 경우든 의식의 전환은 본질적입니다.

그로프: 고대와 전통 문화에 살던 사람들은 변화된 비범한 의식을 다양한 사회적 종교 제의를 통해 경험했습니다. 타인과 동물, 자연, 우주 전체와 자기를 동일시하고 일치시켰습니다. 그들은 원형적인 존재들을 조우하고 다양한 신화적 영역에 찾아들었습니다. 이런 경험과 관찰이 세계관으로 통합된 것은 당연한 일입니다. 전통적인 문화의 세계관은 감각을 통한 일상의 경험과 환영을 통한 경험의 종합입니다.

본질적으로 동일한 것이 의식의 비범한 상태를 경험할 수 있는 기회를 가진 이들에게도 일어납니다. 교육적 배경이나 지능지수, 훈련에 상관없이 초개인적인 경험을 합니다. 서양 과학의 일신교에 경도되어 있다고 할지라도 의식의 전환을 일으키는 사람이 있습니다. 저는 국제초개인주의협회International Transpersonal Association, ITA를 창설했습니다. 우리는 15번의 학술회의를 열었습니다. 학술회의에 참가한 이들은 별처럼 빛나는 신뢰를 가진 학자들이었습니다. 그들 대부분은 개인적으로 의식의 비범한 상태를 경험했고 다른 이들의 경험도 연구했습니다. 그들이 발견한 것은 뉴턴적이고 데카르트적인 관점이 누락하고 있는 문제였습니다. 그들은 신비주의적 전통, 동양의 영성 철학 그리고 원주민 문화가 공유하고 있는 세계관과 근대과학을 접목했습니다. 절대적인 의식과 초우주적 지성이 스며들어 숨 쉬는 우주를 근본적으로 기술할 수 있는 세계관을 받아들였습니다. 만일 비범한 의식 상태가 일반적으로 받아들여진다면 우리의 문화 전체에도 비슷한 일이 일어날 것이라고 믿습니다.

첫째 날 오후

전환의 차원

사회의 의식 전환과 과학의 패러다임 전환

라슬로: 우리는 오늘 오전에 대화를 나누면서 지금 필요한 것은 다른 무엇도 아닌 의식의 근본 변화라는 사실에 의견을 같이했습니다. 게다가 이미 의식은 근본적으로 전환되고 있습니다. 변화의 일단을 봤을 때, 우리에게 필요한 의식과 오늘날 지배적인 의식 사이에 어떤 차이가 있을까요?

그로프: 의식의 근본 변화를 요청하는 현재의 위기에서 서로 다른 두 가지 요소를 발견할 수 있습니다. 첫 번째는 태고부터 존재했던 인간 본성의 일부로서 존재하는 의식이고, 두 번째는 현대가 만들어낸 의식입니다.

인간 역사는 언제나 굴레를 벗어난 폭력에 지배당해왔습니다. 에리히 프롬은 '악랄한 공격성'이라는 말을 했습니다. 채울 수 없는 탐욕과 소유욕은 언제나 더 많은 것을 바랍니다. 매 시대마다 우리는 전쟁과 피로 얼룩진 혁명, 침략과 정복 그리고 지배를 겪으면서 인종적이고 문화적이고 정치적이고 종교적인 불관용을 보았습니다.

현대에 이런 문제가 초래된 것은 물질주의적 과학과 이데올로기의 영향 때문입니다. 지배적인 과학적 세계관은 어떤 의미에서 화합과 협력보다 개인주의와 경쟁에 기반을 둔 삶의 전략을 정당화하고 부추겼습니다. 다윈주의와 프로이트주의의 맥락에서 본다면, 타인을 이용해서 이기적이고 자기중심적인 목적을 추구하는 것은 자연스럽고 합법칙적이고 이해할 만한 일입니다. 이것은 원시적인 본능에 기반을 둔 진정한 본성을 반영하는 것이고 '적자생존'이라는 다윈의 원리에 들어맞는 것이었습니다.

또한 러셀이 이야기한 오래된 패러다임에는 중요한 생태학적 함의가 내재되어 있습니다. 프랜시스 베이컨이 맨 처음 공식화한 태도는 자연을 무자비하게 착취하자는 것이었습니다. 그 결과 재생 불가능한 자원을 남용하고 지구는 공해로 뒤덮였습니다. 우리는 두 가지 전략이 필요합니다. 바로 악랄한 공격성과 만족을 모르는 탐욕 같은 파괴적인 인간 본성을 전환하는 것과 우리의 가치 체계와 과학적 세계관을 바꾸는 것입니다. 어마어마하게 과장된 과학에 대한 맹신이 만연해 있는 우리 문화에서 패러다임 전환은 결코 과소평가되어서는 안 됩니다.

라슬로: 그로프는 오늘날 만연한 과학에 대한 맹신을 이야기했을 뿐만 아니라 데카르트와 베이컨 그리고 뉴턴의 관점에 대해서도 언급했습니다. 우리는 너무도 낡은 과학을 존중하는 것처럼 보입니다.

그로프: 그렇습니다. 그것이 문제입니다.

라슬로: 새로운 의식을 발전시키고 사람들에게 전파하는 일에서 발생하는 애로 사항이 있습니다. 새로운 과학을 통해 제시되는 세계관과 기존의 과학과 기술을 통해 수립되어 있는 지배적인 세계관 사이에 가

로놓인 단절입니다. 이런 의미에서 과학에 대한 우리의 개념을 갱신해야 할 필요가 있는 것 같습니다. 사회는 첨단 과학보다 몇 년은 뒤처져 있기 때문입니다.

그로프: 그것이야말로 정확하게 제가 하고 싶었던 말입니다. 과학은 엄청난 특권을 누리고 있습니다. 그리고 과학 하면 사람들은 일원론적 물질주의에 지배받는 뉴턴과 데카르트의 패러다임을 떠올립니다. 이런 사고방식은 집단뿐만 아니라 개인에게도 끔찍한 결과를 야기합니다. 이 때문에 우리는 낡아빠진 과학적 세계관을 급진적으로 갱신하는 것과 깊은 내면적 전환을 결합시켜야 합니다. 그래서 라슬로의 작업이 우리 미래를 위해 대단히 중요합니다. 당신의 작업은 데이비드 봄David Bohm, 루퍼트 셸드레이크Rupert Sheldrake, 일리야 프리고진Ilya Prigogine의 일반 이론들을 명민하게 종합할 뿐만 아니라 과학과 영성 사이의 간격을 메울 수 있을 것입니다. 과학이 존경과 권위를 유지하는 문화에서 그 메시지가 반영성적이라고 한다면, 과학은 영성적인 추구에 대한 사람들의 관심을 심각하게 억제할 것입니다.

라슬로: 과학은 모험에 개방되어 있다고 생각합니다. 새로운 데이터가 나오면 변화할 준비가 되어 있다는 것이지요. 그러나 많은 과학자들은 참으로 보수적입니다. 대학 집단의 동료들만큼이나 보수적입니다. 그래서 의미 있는 지식들을 대중과 서로 나눠야 하는 책임감을 과학자들에게 요청하는 것은 쉽지 않습니다. 새로운 세계관을 가질 것을 주문하는 것도 마찬가지입니다. 고리타분한 과학의 보수적 전통은 수학과 수치 측정만을 강조합니다. 과학자들은 방정식과 관찰을 제외하고는 어떤 것도 의미 있게 취급하지 않습니다. 이는 시대착오적인 위험한 태도입니다. 다행히 창조적이고 혁신적인 첨단 과학이 보수주

의로 인해 병들지는 않았습니다. 첨단 과학에서 위대한 도약이 이뤄지고 있습니다. 새로운 생각과 세계관 그리고 새로운 영성에 개방적인 과학도 있습니다.

그로프: 현대 심리학과 심리 치료의 상황을 20세기 초반에 물리학에서 일어난 일과 비교하는 것은 흥미롭습니다. 물리학자들은 뉴턴의 물리학에서 아인슈타인의 상대성이론 그리고 양자론으로 빠르게 이행했습니다. 이에 비해 의식과 인간 심리에 대한 현재의 과학적 이해는 불충분하고 답보 상태입니다. 그 증거는 비교종교학, 인류학, 실험적 심리 치료, 경험적 심리 치료, 초심리학, 죽음학 같은 분야에서 제공됩니다. 그럼에도 이 모든 자료를 주류 과학은 인정하지 않습니다.

가장 명백한 사례가 바로 죽음학입니다. 임사 체험을 한 사람들은 감각의 매개 없이도 주변 환경을 인식할 수 있는 능력을 가졌다는 것이 반복적으로 관찰됐습니다. 천장에서 자신들의 몸을 내려다보거나 같은 건물의 다른 방 또는 멀리 떨어진 장소에서 몸과 떨어져 여행하는 경험을 했습니다. 이른바 '유체 이탈 경험'입니다. 일반 대중은 책이나 토크쇼 그리고 할리우드 영화를 통해 이런 현상에 대해 잘 알고 있습니다. 최근 연구에서 켄 링Ken Ring은 같은 경험들이 선천적인 시각 장애를 가진 맹인들에게도 일어난다는 것을 밝혔습니다. 이런 관찰은 의식이라는 것이 뇌에서 발생하는 신경생리학적인 과정에 불과하다는 신화를 깨뜨릴 뿐만 아니라 현재의 패러다임을 근본적으로 갱신합니다. 비슷한 사례들을 초개인 심리학과 현대 의식 연구에서 많이 찾아볼 수 있습니다.

러셀: 그런 관찰을 통해 우리는 과학에서 중요한 패러다임 전환이 일어나고 있다는 것을 볼 수 있을 것입니다. 지금까지 서양의 사고

방식에 없던 전환으로서 우리는 이미 그 초기 단계에 들어섰다고 봅니다. 30년 전에 패러다임이라는 생각을 도입한 토머스 쿤Thomas Kuhn은 전환이 몇 번의 단계를 거친다고 지적했습니다. 첫 번째 단계는 현재의 현실 모델에 들어맞지 않는 비정상적인 데이터의 발견입니다. 누구도 현재의 모델에 의문을 제기하지 않기 때문에 비정상성은 대체로 무시당하거나 부인당합니다. 그러고 나서 비정상성의 증거가 축적되면 더 이상 쉽게 무시할 수 없게 되고 기존의 모델은 수정되거나 비정상적인 데이터를 받아들입니다. 코페르니쿠스 혁명이라는 고전적인 경우를 봅시다. 코페르니쿠스가 주목하게 된 비정상적인 데이터는 행성들이 원형 궤도에 따라 회전하지 않는다는 것이었습니다. 천동설에 의하면 행성들은 정확히 원형 궤도를 따라 움직여야 했습니다. 중세의 천문학자들은 주전원을 원형 궤도에 추가함으로써 특수성의 문제를 해결하고자 했습니다. 그렇게 했는데도 관찰과 설명이 다르면 주전원에 또 주전원을 추가했습니다. 원을 따라 도는 원의 둘레를 또 다른 원이 돌았습니다. 결과적으로 복잡하기 그지없는 모델이 만들어졌지만 기본적인 세계관은 여전히 의심받지 않았지요.

우리는 의식과 관련해 비슷한 단계에 있습니다. 서양의 과학에서 의식은 거대한 비정상성입니다. 인간존재가 의식적이라는 사실에 대한 현실의 과학적 모델은 없습니다. 이 문제에 대해 파악할 수 있는 방법이 없습니다. 그럼에도 의식은 확신할 수 있는 절대적인 것입니다. "나는 생각한다. 그러므로 나는 존재한다"는 데카르트의 이야기처럼 말입니다. 나는 나의 인식, 나의 생각, 나의 느낌을 의심할 수 있지만 내가 인식하고 생각하고 느끼고 있다는 것, 내가 의식적 존재라는 사실은 의심할 수 없습니다. 그래서 오늘날 과학자들은 의식의 존재와 지속적으로 직면하면서도 설명할 길이 없는 이상한 상태에 처해 있습니다.

과거에 과학은 의식을 그냥 무시했습니다. 의식을 포함시킬 필요가 없었습니다. 어쨌든 마음이 아니라 물리적 세계를 탐구하면 그만이었습니다. 오늘날 과학은 의식의 문제를 더 이상 무시할 수 없다는 사실을 발견했습니다. 이것이야말로 패러다임 전환의 두 번째 단계입니다. 얼마간 비정상적인 것과 타협하면서 현재의 모델을 확장하려고 노력하는 중인 것입니다. 몇몇 과학자들은 양자물리학에 의지하고, 몇몇은 정보이론에 의존하고, 몇몇은 신경심리학에 기댑니다. 그러나 누구도 더 멀리 나아가지 못합니다. 기존의 공간-시간-물질 패러다임에 얽매여 의식을 설명하려고 노력하기 때문입니다. 앞으로 나아가지 못하고 있다는 것은 그들이 방향을 잘못 잡았다는 것입니다. 필요한 것은 현실에 대한 완전히 다른 모델입니다. 당연히 이 모델은 의식을 현실의 근본 양상으로 포함합니다. 공간, 시간, 물질의 근본으로서 의식을 고려해야 합니다.

쿤의 패러다임 전환 과정에서 세 번째 단계는 비정상적인 현상을 설명하는 근본적으로 새로운 모델을 만들어내는 것입니다. 우리는 아직 그 단계는 아닙니다. 낡은 패러다임은 작동하지 않습니다. 우리는 균열과 흠을 발견합니다. 그러나 사람들은 쉽게 공간-시간-물질 모델의 상자 너머를 생각하지 못합니다. 앞으로 출현할 새로운 모델은 이 너머에 있습니다. 그럼에도 지금 이 순간 과학은 여전히 확고하게 낡은 모델에 집착하고 있습니다.

라슬로: 우리는 낡은 모델을 현실로 받아들이고 있는 상태에 처해 있습니다. 과학을 진리의 원천으로 여기는 사람들과 대부분의 과학자들은 문자 그대로 이 모델이 진실이라고 믿고 있지요.

러셀: 그렇습니다. 패러다임이 그런 것입니다. 사람들은 지금 모델

을 진리로 여깁니다. 그들의 현실 전체도 이 모델에서 나온 것이지요.

그로프: 그레고리 베이트슨Gregory Bateson은 지도와 영토의 혼동에 대해 이야기했습니다. 그것은 마치 레스토랑에서 사람들이 음식을 먹는 것이 아니라 음식에 대해 적어놓은 메뉴를 먹는 것과 같은 셈이라고 할 수 있습니다.

라슬로: 다행히 과학의 세계에서도 작은 변화가 일어나고 있습니다. 변화가 지금은 보이지 않지만 엄청난 결과를 가져오겠지요. 300년 동안 현실을 설명하기 위해 차용했던 지도를 옆으로 치울 수도 있습니다. 20세기 초반 아인슈타인의 상대성이론이 뉴턴의 고전적인 이론 대신 받아들여졌을 때 일어난 일입니다. 왜 이런 일이 벌어졌을까요? 물리학자들은 서로 다른 이론에 비추어서 동일한 현상을 설명할 수 있습니다. 하나의 이론만 만물을 설명할 수 있는 것은 아닙니다.

그로프: 일식 때 수성의 근일점을 측정한 것에 대한 아인슈타인의 설명이 왜 받아들여졌을까요? 정확한 예측도 아니었습니다. 뉴턴의 모델로 측정할 수 있는 것보다 실측값에 더 가까웠을 뿐입니다.

라슬로: 실제로 빛의 방출 이론을 가정하면 뉴턴의 물리학에서도 비슷한 예측을 할 수 있을 것입니다. 광자의 흐름인 빛이 덩어리를 이룬다면 태양이나 다른 별의 중력에 끌려갈 수 있지요. 휘어 있는 경로 역시 우주가 휘어 있다고 가정한다면 마찬가지입니다.

그로프: 그렇다면 왜 뉴턴 대신 아인슈타인이 받아들여졌을까요?

라슬로: 최종적으로 과학의 미학적 요소가 작용했기 때문인 것 같습니다. 단순함과 우아함이 그것이지요. 기본 수학 이론의 단순함과 우아함은 의도되는 것입니다. 아인슈타인이 처음 제기한 특수상대성이론에서 운동방정식은 운동이 가속화될 때도 여전히 불변입니다. '상대적 불변성'이라는 유명한 개념은 방정식을 지속적이고 우아하게 만듭니다. 20세기 초 흑체복사라는 이상한 결과가 나왔을 때 물리학자들은 기존의 가설과 이론을 고수했습니다.

몇 세기 전에 코페르니쿠스가 지동설을 만들어냈습니다. 오래된 천동설의 타당성을 지키기 위해 주전원에 또 주전원을 추가하는 천문학자들과 결별했습니다. 코페르니쿠스는 자연이 단순함을 사랑한다는 것을 알았습니다. 확실히 과학자들은 이론의 단순함을 사랑합니다. 필수적이지 않는 한, 더 복잡하게 이론을 만들 필요가 없습니다. 이 요소야말로 현대 과학에서 어떤 이론이 수용되는지의 여부에 대한 중요한 고찰 대상입니다.

러셀: 저는 항상 우주의 단순한 불변성에 매료됐습니다. 수학의 단순함과 아름다움에 매료되어서 저는 수학자가 됐습니다. 가장 흥미로웠던 것은 물리적 세계 전체의 메커니즘에 하나의 기본 방정식이 깔려 있다는 것이었습니다. 모든 것은 오일러Euler의 방정식으로 환원 가능했습니다. 정말 단순한 공식입니다만 대단한 설득력을 가졌지요. 진자 운동에도 원자 운동에도 빛의 파장에도 행성의 운동에도 적용 가능합니다. 단순하고 아름답습니다. 만일 누가 신이 있는지 묻는다면 저는 수학이 신이라고 대답할 것입니다.

그러나 더욱 놀라운 것은 인간 심리의 산물인 수학이 물리적 현실과 관계를 맺고 있다는 것입니다.

그로프: 물질세계에서 현상을 정형화하는 수학의 능력은 인식과 존재, 마음과 물질 사이의 데카르트적인 분열에 반하는 중요한 논거처럼 보입니다. 심리 체계가 어떻게 완전히 다른 영역에 있는 현상을 정확하게 예측할 수 있을까요?

라슬로: 과학자들은 현상을 하나의 집합으로 고려해서 가장 단순하고 아름다운 수학으로 설명하려고 합니다. 그러나 수학의 단순함과 아름다움은 현상의 범위에 따라 변화하는 것입니다. 만일 당신이 물리학적 세계와 생물학적 세계를 모두 살펴보려면 다른 기본 개념을 적용해야 합니다. 초개인적인 임사 체험 같은 보기 드문 인간의 심리를 살피고자 할 때는 설명 체계가 바뀔 것입니다. 우리는 다르지만 여전히 일반적인 설명의 개념을 찾습니다. 아마도 가까운 미래에 우리는 훨씬 더 큰 현실의 단위를 포용하는 단순하고 아름다운 수학을 가지게 될 것입니다. 이 현실의 단위에는 생명의 세계, 물리적 우주와 함께 인간 의식도 포함되겠지요.

러셀: 그렇습니다. 바로 그 방향으로 우리가 나아가고 있습니다. 새로운 패러다임은 곧 다가올 것입니다. 남은 일은 조각들을 근본적인 차원에서 하나로 묶어서 물질세계와 함께 마음의 세계를 이해할 수 있는 이론적 모델을 만들어내는 것입니다. 이런 일은 정말 두근거리는 일입니다. 몇 년 동안 저는 이 일에 매달렸습니다. 지금 우리는 의식을 공간, 시간, 물질의 결과물로, 인간의 신경계에서 일어나는 물리적 활동의 결과로 보고 있습니다. 그러나 우리가 가고 있는 방향은 정확하게 반대입니다. 조만간 우리는 의식이 절대적으로 우주의 근본이지 결코 물질에서 발생한 것이 아니라는 사실을 받아들일 것이라고 믿습니다.

이런 생각은 전혀 새로운 것이 아닙니다. 이미 고대의 지혜들이 말해놓은 것입니다. 예를 들어 인도 철학은 의식이란 것이 절대적인 근본이라는 가설에 근거를 두고 있습니다. 과학은 현재 이런 생각을 거부하고 있지만 종국에는 받아들일 수밖에 없을 것입니다.

라슬로: 우리는 지금 과학과 고대의 지혜가 통합적인 전체를 이루는 방향으로 나아가고 있습니다. 이것은 과거의 복원 또는 재연이 아니라 새로운 종합입니다.

그로프: 그렇습니다. 우리가 퇴행 중이거나 오래된 생각으로 돌아가고 있는 것이 아닙니다. 진보라는 것은 나선형이라 고대의 지혜와 현대의 과학을 창조적으로 종합하는 높은 단계에서 때때로 오래된 것이 나타나기도 합니다.

러셀: 나선형에 대한 생각이 마음에 드네요. 과거가 우리의 현재로 돌아오는 방식을 설명해줄 뿐만 아니라 무엇인가 더 부가되어야 할 것도 포함하고 있습니다. 우리가 단순히 고대의 전통으로 돌아가는 것은 아니라고 봅니다. 고대의 전통은 고대에 적합한 것이지요. 우리는 다른 세계에, 다른 사회적 분위기에, 그리고 완전히 다르게 우주를 이해하는 시대에 살고 있습니다. 우리에게 필요한 현대의 지혜는 현대에 적합해야 합니다. 핵심 메시지는 동일합니다. 올더스 헉슬리Aldous Huxley는 영원 반복의 철학Perennial Philosophy을 이야기했습니다. 동일한 지혜가 상이한 시대의 상이한 문화에 돌아온다는 생각이지요. 그러나 실제의 공식은 아주 다양합니다. 오늘날 필요한 것은 현대적 용어로 정의된 공식입니다. 그래야 평범한 이들도 이해할 수 있고, 지금의 삶과 연결할 수 있을 것입니다.

제 생각에 이것이야말로 의식혁명입니다. 지금 현재의 용어로 영원한 지혜를 재발견하고 과학과 이성이 광범위하게 펴져 있는 이 세계와 연결시키는 것입니다.

영성의 역할

그로프: 앞서 이야기했던 신화적인 세계관과 과학적인 세계관의 종합이라는 도전적인 문제로 돌아가겠습니다. 과학의 물질적 일원론이 원시적 신앙에서 위대한 신비주의적 전통에 이르는 영적이고 종교적인 모든 것을 그릇된 것으로, 과학적이지 않은 것으로 간주한다는 것이 학계의 통념입니다. 저는 이런 생각 자체가 과학의 본성과 기능에 대한 근본적 오해일 뿐만 아니라 영성과 종교를 혼동한 결과라고 믿습니다. 이런 혼동이야말로 심각한 문제이고 이 쟁점을 해결하지 않으면 과학과 영성의 화해는 불가능하다고 믿습니다.

라슬로: 그렇다면 영성을 어떻게 정의할 수 있을까요? 어떤 점에서 종교와 다른 것일까요?

그로프: 영성은 개인과 우주의 관계를 성찰하는 사적인 문제입니다. 반면 종교는 특별한 장소와, 위계에 따라 정렬되어 있는 임명된 중재자들을 요구합니다. 원칙적으로 종교는 신앙인들에게 영적 경험을 위한 도구와 지원을 제공합니다. 그러나 그러지 않을 경우가 있습니다. 실제로 개인적인 영적 경험은 조직과 믿음 체계로부터 독립해서 자신들만의 멤버십을 구성하기 때문에 종종 조직된 종교를 위협합니다. 신비주의자들은 중재자를 필요로 하지 않습니다. 그들은 신과 직접 연결되고자 합니다. 영성이라는 것은 합의된 현실과 완전히 다른 관점이나

일상적으로는 숨어 있는 현실의 다른 차원들이 제공하는 직접적인 경험에 기초하기 때문입니다. 이 모든 경험들은 의식의 비범한 상태에서 일어나는 것들입니다. 이런 경험에 대한 연구는 초개인 심리학의 주제입니다. 진지하게 연구되어야 할 현상의 영역이며 그 결과는 미래의 광범위한 과학적 세계관에 포함되어야 합니다.

모든 위대한 종교의 요람은 지복직관입니다. 보리수 아래에서의 부처의 깨어남이나 마호메트의 기적적인 여행, 불타는 덤불에서 모세가 여호와를 만난 것은 모두 초개인적 경험입니다. 성서는 이런 경험에 대한 묘사로 채워져 있습니다. 에스겔이 본 불타는 전차, 악마에게 시험당한 예수, 다마스쿠스Damascus로 가던 길에서 예수를 본 사울, 밧모Patmos 섬의 동굴에서 묵시록을 계시받은 사도 요한 등이 바로 그것입니다.

그러나 종교가 만들어지면 신앙인들은 이런 경험들을 설교에서 듣거나 성스러운 경전을 통해 읽습니다. 신에게 바로 연결된다는 것은 더 이상 가능하지도 않고 받아들여지지도 않습니다. 만일 오늘날 교회에서 신도 하나가 진정으로 신비로운 경험을 했다고 주장한다면, 아마도 성직자는 대개 정신과 의사에게 보내버릴 것입니다. 일단 종교가 만들어지면 직접적인 초개인적 경험은 신비주의적 지파나 명상, 금식, 기도 등 영적인 실천을 행하는 수도원에서만 이뤄집니다.

종교와 신비주의 사이에는 근본적인 차이가 있습니다. 영성 없는 종교가 있고 종교 없는 영성이 있습니다. 종교는 특정한 장소에 정기적으로 가서 신과 체계적으로 관계를 맺어야 한다고 신도들을 확신시킵니다. 신비주의자들에게 본성과 육신은 신전과 같은 역할을 합니다. 신과 연결되는 것은 직접적이고 중개자를 필요로 하지 않습니다. 신비로운 경험을 하지도 않은 이들은 더더욱 중개자 노릇을 할 수 없습니다. 이들은 말 그대로 임명된 관료들일 뿐입니다. 신비주의자들은 그들보다 훨씬 더 진일보한 경험을 한 구도자와 스승으로부터 은혜를 받을 수 있습니다.

본래적인 영적인 체계들은 아주 잘 다듬어진 심리 정화 기술을 사용해서 수백 년 동안 마음을 탐색해왔습니다. 다양한 방식에서 과학적 방법을 닮아 있습니다.

라슬로: 철학자 앨프리드 노스 화이트헤드Alfred North Whitehead는 아름다운 것을 언급하면서 문화적 진보뿐만 아니라 과학적 진보도 새롭고 통합적이고 경험과 연구의 특수 영역을 포괄하는 위대한 정신에 의해 이뤄진다고 말했습니다. 그의 생각은 대체로 적합합니다만 세부적으로 본다면 일관되지 않습니다. 그의 추종자들은 화이트헤드가 말한 것을 일관성 있는 것으로 만들면서 독창적인 통찰을 말살시켰습니다. 더 이상 무엇인가를 만들어내지 못하게 됐고 도그마가 되어버렸습니다. 도그마가 제때에 붕괴한다면 다른 창조적 통찰을 가진 이가 나오고 그 과정은 다시 원점에서 시작될 것입니다. 종교에서도 마찬가지입니다.

러셀: 그런 일이 발생하는 것은 불가피합니다. 우리가 말한 것처럼 종교는 심오한 해방을 경험한 개인이나 개인이 만든 집단을 통해 출발합니다. 여러 가지 방식으로 그들은 진리를 깨닫고 깨달음을 다른 이들에게 전파합니다. 이것이 바로 가르침의 발생입니다.

불행하게도 가르침은 결코 주어진 그대로 동일한 의식의 상태에서 수용되지 않습니다. 스승은 깨어남의 지점으로부터 이야기하지만, 학생들은 덜 깨어난 의식으로부터 그 말을 이해하려 듭니다. 그래서 완전히 알아듣지 못합니다. 스승이 곁에 있는 한, 그들은 실수를 교정하고 가르침을 제대로 받아들였는지 점검할 수 있습니다. 그러나 스승이 세상을 떠나고 나면 가르침은 이 사람에서 저 사람으로 전해집니다. 이 과정에서 매번 어떤 것이 빠지거나 완벽하게 이해되지 못하거나 처음에는 없던 새로운 것이 첨가됩니다. 중국인 귓속말 게임처럼 메시지는 사람들의 원을 돌게 됩니다. 매번 조금씩 바뀐 메시지들이 전달되어 처음 지점으로 돌아올 때쯤이면 완전히 다른 뜻이 되어 있습니다.

동일한 일이 영적인 가르침에서도 일어납니다. 훨씬 큰 규모라고 생각하면 되겠습니다. 메시지는 사람들끼리는 물론 세대끼리, 문화끼리, 종종 하나의 언어에서 다른 언어로 번역되면서 전달됩니다. 매번 무엇인가 빠지고 무엇인가 덧붙여집니다. 그러면서 판본은 맨 처음과 전혀 닮지 않게 됩니다. 이런 과정을 저는 '진리 침식'이라고 부릅니다. 이 때문에 영적인 전통들은 완전히 다르게 보이는 것입니다. 그럼에도 그들은 매우 비슷한 경험에서 시작했습니다. 우리는 차이를 걱정하기보다 공통적인 핵심을 재발견해야 합니다.

이것이야말로 과거의 영적 전통을 그대로 소생시키지 않아야 하는 주된 이유입니다. 그랬다가는 불가피하게 타락한 판본을 진작시키게 될 것입니다. 우리의 도전은 원천으로 돌아가는 것입니다. 교조나 도그마가 아니라 개인적인 경험에 기초한 살아 있는 원천입니다. 그 경험을 다시 겪어봐야 합니다.

라슬로: 평범한 언어로 일반인들에게 알려지진 않았지만, 신비주의적 전통은 이미 소크라테스 이전 그리스 학파에 있었습니다. 사회가 소비한다는 것은 타협을 의미합니다. 그렇게 만들어지는 순간 이미 타협은 이뤄집니다. 가르침의 본질은 듣거나 읽는 것이 아니라 사는 것이었습니다. 전통에서 우리는 말라붙은 뼈다귀가 아니라 살아 있는 정신을 얻어야 합니다.

그로프: 우리에게 오늘날 필요한 것은 종교라기보다 영성입니다. 현재 형식을 갖춘 기성종교는 문제이지 해결책이 아닙니다. 세계 곳곳에서 종교는 폭력의 주요 원천입니다.

러셀: 기성종교는 의식의 깨어남에 대한 성찰이 아니라는 사실을 기억해야 합니다. 목적은 칭찬할 만합니다만, 종교를 전도하거나 방어하려는 사람들은 그 종교를 믿지 않는 이들만큼이나 우매합니다. 슬프게도 그들은 사회문제를 전혀 다르게 인식하지요.

모든 것이 자기중심주의로 귀결되어버립니다. 우리는 언제나 내가 행복해지기 위해 무엇을 택할 수 있고 무엇을 할 수 있는지 생각합니다. 역지사지했을 때는 어떤 가치 체계를 차용해야 할까요?

이런 추구 때문에 우리는 물질주의뿐만 아니라 종교에서 벗어나지 못하는 것입니다. 특정 종교의 믿음 또는 가르침이 자기 자신을 구할 것이라고 믿게 됩니다. 이 길을 따른다면 만사형통이라고 생각합니다. 특정 신앙에 집착하고 우리가 선택한 길을 옹호하고 보호하기 위해 온갖 수단을 동원합니다. 이런 방식으로 종교는 쉽사리 자기중심으로 빠져버립니다. 자기중심성에서 벗어나라고 가르치는 종교 때문에 자기중심주의에 빠진다는 사실은 확실히 아이러니합니다.

라슬로: 종교는 또한 사회적인 현상입니다. 집단적인 정체성에 대한 문제이지요. 우리는 공동체나 사회적, 문화적 집단 또는 종교적 모임에 속하고자 합니다. 이런 욕구는 오늘날 중세보다 더 다양한 방식으로 충족 가능합니다. 중세 시대 최소한 유럽에서는 종교적 모임이 핵심적인 공동체적 소속감을 제공했습니다. 지금 우리는 민족적이고 지역적인 공동체를 가지고 있고 이들 내에 다양한 종족적 공동체를 포함하고 있습니다. 종교적 집단 또는 모임에 속한다는 것은 제한된 사람

들 내에서 정체성을 부여받는다는 의미입니다. 이런 모임에 속하는 것은 궁극적인 진리에 접근하는 것과 관련도 없습니다. 종교적 교리의 전파는 '안'과 거기에 속하지 못하는 나머지를 나눕니다. '신도'와 '비신도' 사이에 경계를 긋습니다.

그로프: 전통적으로 기성종교가 해온 것은 특별한 원형적 형상과 주제에 초점을 맞추고 유일성을 주장함으로써 믿는 이들에게 일체감을 부여하는 일이었습니다. 이런 방식은 필연적으로 해당 종교 집단과 다른 집단들 간의 갈등을 유발했습니다. 자기와 다르게 신을 대변하고 신과 관계를 맺는 또 다른 형식들을 인정하지 않게 되는 것입니다. 기독교인과 유대인이 반목하고 힌두교도와 이슬람교도가 대립하고 시크교도와 힌두교도가 다툽니다. 기성종교는 때때로 신도들을 결속시키고 한 우산 아래 모이게 하는 일도 제대로 하지 못합니다. 가장 대표적인 사례가 가톨릭과 프로테스탄트의 갈등입니다. 이들은 중세 이래로 갈라서서 피로 점철된 대립과 고통을 겪었습니다.

대조적으로 영적인 경험은 성스러운 존재의 차원에 직접 접속할 수 있습니다. 이런 경험은 분리되어 있는 것 같은 세계를 하나로 통합하고 창조의 신적 본능과 우리 자신의 신성성을 하나로 묶어줍니다. 기성종교의 종파적 수구주의를 넘어 이 경험은 현실과 인류에 대해 보편적이고 포용적이고 통합적인 전망을 가지게 합니다. 지금과 같은 형식을 유지하는 한, 기성종교는 종종 지구적 위기를 배양하고 조장합니다. 그러나 순수한 신비주의적 관점에서 출발하는 종교는 우리로 하여금 전혀 다르게 세상을 보게 합니다.

라슬로: 베를린국제평화대학에서 심포지엄이 있던 어느 날, 달라이 라마는 저에게 결코 사람들을 어떤 종교로라도 개종시키려 들지 말아

야 한다고 말했습니다. 달라이라마 자신은 결코 사람들에게 티베트 불교를 전도하지 않는다고 했습니다. 종교는 목적이 아닙니다. 오히려 목적은 종교에 깔려 있는 정신이지요. 사랑, 연대, 공감이 그것들입니다. 달라이라마는 하나의 종교에 모든 해답이 있다고 충고하지 않는답니다. 중요한 것은 종교의 정신이지 교리가 아닙니다.

이런 통찰이 실천되고 있습니다. 인도의 실험적인 영적 공동체인 오로빌이 사례입니다. 그 공동체의 창립자는 종교를 없애기로 결정했습니다. 종교적 교리와 제의가 없습니다. 일상에 드리워져 있는 깊은 영성은 개인과 집단의 명상을 통해 강화됐습니다. 종교는 제도화되는 순간 통합보다 분열로 나아간다고 스리 오로빈도Sri Aurobindo는 말했습니다.

러셀: 많은 영적인 지도자들도 가르침이 종교가 되는 것에 대해 경고했지요. 부처는 제자들에게 그가 했던 모든 말을 믿지 말라고 했습니다. 오직 자신의 경험을 통해 확인될 때만 받아들이라고 했습니다. 루돌프 슈타이너Rudolf Steiner는 수백 년의 시간이 지난 지금으로 부처가 돌아와서 자신의 가르침이 사람들 사이에서 어떻게 왜곡됐는지 알게 된다면 아마도 질려버릴 것이라고 말했습니다. 영적인 지혜는 보편적인 지혜입니다. 그러나 그것이 한 사람에서 다른 사람으로 건너갈 때, 스승의 표현들은 교리의 형태를 띠게 되고 서로 다른 종교를 만들어내는 도그마가 됩니다. 만일 라슬로가 200, 300년 뒤에 오로빌을 다시 방문한다면 아마도 처음과 완전히 다른 모습을 띠고 있는 종교를 발견하게 될 것이라고 확신합니다.

오늘날 우리는 새로운 영성이 출현하고 있는 것을 보고 있습니다. 아직 이름 붙이기는 어렵고 특정한 형식을 띠고 있지도 않습니다. 게다가 지도자도 없습니다. 그러나 헉슬리가 영원 반복의 철학이라고 부른 것과 유사하게 새로운 관점이 등장하고 있습니다. 많은 사람이 인간 의식에 대한 영원한 지혜를 재발견하고 삶에서 실천하기 시작하고 있습니다.

부처가 모색했던 내적 해방과 유사한 방식입니다. 부처는 숲에서 나와 6년 동안 스승을 찾아다니면서 마음의 고통을 덜어낼 수 있는 수행과 기술을 연마했습니다. 오늘날 우리 역시 비슷한 과정에 있습니다. 그러나 지금은 한 사람이 아니라 수백만이 함께 이 길을 걷고 있고 서로의 경험에서 배우고 있습니다. 더 많이 배울수록 더 많이 같은 진리로 다가가고 있습니다. 영적 계발을 이해하는 지점에 도달하고 있는 것입니다. 저는 책을 보거나 사람들과 대화를 나누면서 점점 우리가 같은 이야기를 하고 있다는 사실을 깨달았습니다. 아마도 언젠가 이런 재생의 순간도 종교로 화석화될 것이지만, 지금 여기 20세기의 끝에서 생생하게 약동하고 있습니다. 이렇게 보편적인 진리를 탐색하는 것이 바로 종교의 핵심입니다. 그래서 저는 지금 이 시대가 정말 매력적입니다. 우리는 새로운 영적 르네상스의 한복판에 있습니다. 그러나 비슷한 이전 시대와 달리 지금 이 시대는 지도자를 갖고 있지 않습니다. 처음으로 우리는 집단적으로 영적 르네상스를 재발견하고 있습니다.

그로프: 제가 흥미롭게 발견한 의식의 비범한 상태에 대한 관찰을 언급하고 싶군요. 환각과 전체지향호흡요법(아주 빠른 호흡과 기분 좋은 음악을 사용하는)에서 반복적으로 관찰한 것은 그 경험이 전 세계 신화의 스펙트럼, 모든 문화의 원형적 형상과 영역에 접속한다는 것입니다. 우리와 다른 인종적, 문화적, 지리적, 역사적인 배경으로부터 경험이 오는 것이지요. 신화에 대한 사전 지식이 있느냐 없느냐는 문제가 되지 않습니다. 현대인들은 집단 무의식의 모든 영역에 접속하

고 있습니다. 이런 사실은 기본적으로 카를 융C. G. Jung을 통해 관찰됐던 것입니다. 그의 관찰은 집단 무의식이라는 개념을 만들어내게 했습니다.

유럽, 북남미 그리고 호주에서 우리가 연구한 이들은 인도, 일본, 중국, 티베트 또는 이집트 신화로부터 많은 경험을 끌고 왔습니다. 반대로 인도와 일본에서는 힌두교, 불교, 신도를 신봉하는 사람들이 종종 기독교의 경험을 나누곤 했지요. 몇 년 동안 저 자신은 아프리카, 메소아메리카, 남미, 호주의 원주민 종교뿐만 아니라 힌두교, 불교, 기독교, 이슬람교, 신도, 조로아스터교의 상징에서 지복직관을 얻었습니다.

정말 놀라웠습니다. 과거 많은 집단들이 오늘날 우리가 하는 것과 같은 심리 각성의 과정을 사용했습니다. 환각 물질과 음악 그리고 다양한 호흡 수행이 그것입니다. 그런데 이들이 집단 무의식에 접속하는 것은 그들 자신의 문화적 원형에 한정됐기 때문에 훨씬 더 구체적이고 제한적인 것이었습니다. 예를 들어 멕시코 후이촐족의 신화와 종교에서 중요한 역할을 하는 사슴 영혼이 '티베트 사자의 서'에는 등장하지 않습니다. 성서나 모르몬경에 선성불에 대한 이야기는 없습니다. 따라서 집단 무의식의 침윤은 전적으로 근대 이후의 산물입니다. 집단 무의식이 근대 이전부터 있었다고 한다면 특정한 인간 집단의 독특한 신화와 종교를 볼 수 없을 것입니다. 과거에 원형적인 것의 경험은 전적으로 문화적 구체성에 의존했습니다.

어떻게 보면 종교 외부의 세계도 마찬가지인 것 같습니다. 과거에 인류는 훨씬 더 파편화되어 있었고 다양한 집단이 서로 폐쇄되고 고립되어 있었습니다. 예를 들어 15세기까지 유럽인들은 신세계의 존재에 대해 전혀 몰랐습니다. 20세기 중반까지도 티베트는 세계와 거의 접촉을 하지 않았습니다. 오늘날 우리는 몇 시간 비행기를 타면 다른 지역에 도달할 수 있습니다. 엄청난 양의 제품, 책, 영화들이 서로 교환되고 있습니다. 단파 라디오, 위성 텔레비전, 전화 그리고 인터넷이 지구의 모든 부분을 연결시키고 있습니다.

우리는 분리되고 파편적인 세계로부터 재빨리 벗어나서 지구촌으로 통합되고 있습니다. 집단 무의식의 원형적 영역에 무제한으로 접속하는 것은 이 과정에서 중요한 부분을 차지합니다. 이런 조건이 미래의 보편 종교를 만들어내는 토대가 되기를 바랍니다. 영적인 경험과 이것을 가능하게 만드는 수단, 말하자면 '신성한 기술'을 위한 맥락을 이런 종교가 제공할 수 있을 것이라고 저는 생각합니다. 그러나 이 종교는 초월적 신의 영역으로 들어가기 위해 개인이 선택해야 하는 원형적 틀을 강제하지 말아야 할 것입니다.

기성종교가 지구의 미래를 만들어내는 건설적인 힘이 되고자 한다면 개별적인 원형들의 상호 침투를 가능하게 만들고 자신을 상대화해야 합니다. 다른 상징체계로 신을 섬기는 타 종교를 관용하는 분위기를 조성해야 합니다. 이를 통해서 신비주의적 기원, 공통분모, 절대에 대한 숭배, 모든 형식을 초월한 신이라는 차원에 종교를 연결시킬 수 있습니다.

조지프 캠벨은 종종 원형적인 형식 또는 '신성'의 기능에 대해 언급한 그라프 뒤르켐Graf Durkheim의 진술을 인용했습니다. 순수한 영적인 추구를 위해서 신성은 초월에 투명해야 한다는 것입니다. 신성은 지고한 곳으로 나아가는 출입구여야 합니다. 잘못 인도하는 길이 되어서는 곤란합니다. 절대로 나아가는 길을 중재해야 합니다. 자신의 길이 많은 길 중 하나라는 사실을 인정하고 그 자신이 숭배의 대상이 되지 말아야 합니다. 특정한 원형을 불투명하게 만들고 상호 침투하지 못하게 만들면 우상숭배가 됩니다. 세계를 분리하고 파괴하고 위험에 빠뜨리는 세력이 되어버립니다.

러셀: 이것이야말로 신을 '저기 어딘가'에 있는 다른 것으로 보는 관점을 전환하는 것입니다. 신을 우리 자신의 심리 문제로 보게 만드는 것이지요. 점차적으로 우리는 내면적 깨어남이라는 것이 다른 존재에 대한 제의를 실천하는 것이 아니라 우리 마음의 작동이라는 사실을 알게 됐습니다. 우리는 판에 박힌 틀에서 마음을 어떻게 해방시킬 수 있을지 자문하고 있습니다. 지금 우리가 이야기하는 이런 경험에 어떻게 마음을 열 수 있을까요?

그로프: 앞서 집단 무의식의 개방에 대해 이야기한 것에 기초해서 말하자면, 미래의 종교는 경험적인 차원에서 이뤄지는 영적 추구의 개별 형식을 존중해야 합니다. 바라건대 이 종교는 특정한 도그마와 숭배의 대상을 장려하는 조직이지 않아야 합니다. 영적 추구의 여정에서 서로를 지지하면서 우리 모두 보편적 신비라는 태피스트리의 조각을 찾고 있다는 것을 깨닫는 구도자들의 연대여야 합니다. 모든 존재의 통합과 타인, 자연, 우주와 연결되어 있다는 유대감이야말로 가장 중요한 명분이어야 합니다.

러셀: 그렇습니다. 새로운 영성에 대한 가르침은 사실상 우리의 심리에 대한 것입니다. 불교가 우리에게 가르쳐주는 것과 같습니다. 현대의 가르침이란 것은 자아가 어떻게 계발되고, 어떻게 정체성의 감각을 도출하고, 어떻게 불필요한 두려움을 자아내고, 어떻게 경험을 제대로 또는 잘못 해석하는지, 그리고 어떻게 다양한 구속으로부터 마음을 해방시킬 수 있는지 말해줘야 합니다. 신이나 다른 것들을 지칭하는 것이 아니라 심리학적인 가르침일 것입니다.

그로프: 1985년 교토에서 열린 국제초개인주의협회 학술회의에서

매우 흥미로운 경험을 했습니다. 이 협회는 영성과 과학을 결합해서 인종, 문화, 정치, 종교의 경계를 허물자는 취지로 창립됐습니다. 학술회의가 열릴 당시 일본과 미국의 기업가들 사이에 협상이 벌어지고 있었습니다.

학술회의 참가자들 중에 융 심리학을 연구하는 일본 심리학자 가와이 하야오Hayao Kawai가 있었습니다. 스위스 취리히에서 몇 년 동안 거주했던 그는 일본의 마음뿐만 아니라 서양의 마음에 대해서도 잘 알고 있었습니다. 그가 텔레비전으로 기업가들의 협상을 지켜보다가 크게 웃었습니다. 통역사가 있기 때문에 기업가들은 서로 의사소통을 하고 서로를 이해한다고 생각하지만, 실은 그렇지 않다고 그는 말했습니다. 서로 다른 관점에서 이야기하기 때문이라는 것입니다. 설명을 요구하는 우리에게 그는 융 심리학적인 접근 방식으로 자신의 분석을 이야기해줬습니다.

그들은 서로 다른 원형적 틀에 기반을 두고 매우 상이한 형이상학적 전제를 깔고 있다는 것이었습니다. 동양은 우주의 중심이 텅 비어 있다고 생각합니다. 창조는 모든 것이 서로 연결되어 있는 총체적 장인 공백으로부터 이뤄집니다. 그래서 개별적인 것들은 전체에서 모두 동등한 몫을 가지고 있습니다. 서양의 우주관은 이와 완전히 다릅니다. 중심에 힘의 원천이 있습니다. 바로 신이지요. 우주를 창조한 조물주입니다. 위계적인 구조이기 때문에 중심에서 주변으로 갈수록 중요성이 떨어집니다. 원형적인 세계에서는 천상의 존재들도 서열이 정해져 있습니다. 세라핌과 케루빔처럼 최고의 천사가 있고 권품천사, 좌품천사, 역품천사, 대천사, 일반 천사들이 있습니다. 자연에서도 마찬가지로 동물의 종류를 하등동물과 고등동물로 나눕니다. 당연히 인간에게 창조의 왕관을 씌워줍니다.

가와이 하야오는 동서양의 대화에서 기본적인 형이상학적 가정이 모든 말에 색깔을 입힌다고 설명했습니다. 마치 뉴턴적인 물리학자와 아인슈타인적인 물리학자 사이에 이뤄지는 토론처럼 말이지요. 물질, 에너지, 시간, 공간 같은 동일한 단어를 사용할지라도 개별적인 개념의 틀에 따라 서로 다른 의미를 가지게 된다는 것입니다. 이런 흥미로운 설명 덕분에 참가자들은 문화적 차이를 새삼 돌아보게 됐습니다. 벨기에에서 온 심리학자 앙드레 파트살리데스André Patsalides는 시리아 출신이었는데, 아랍의 마음과 서양의 마음이 어떻게 다른지 이야기했습니다. 인도의 학자이며 잠무카슈미르Jammu and Kashmir 주지사를 지낸 카란 싱Karan Singh은 비슷하게 인도와 서양의 사고방식을 비교했습니다. 아프리카의 줄루족으로 인류학자이자 주술사인 크레도 무트와Credo Mutwa는 아프리카의 세계관과 앵글로아메리카의 관점을 비교했습니다.

이런 토론을 통해 어떻게 새로운 관점이 출현하는지 지켜보는 것은 정말 흥미진진했습니다. 우리는 공통적으로 나눈 의견들을 통해 기본적인 인간성을 굴절시키고 다양화하는 인종, 문화, 종교의 차이를 이해했고, 인간성을 통해 서로 연결되어 있는 것을 느꼈습니다. 이런 차이들은 공통된 매트릭스에서 출현하는 우주적인 창조 지성의 특출한 창조성을 반영하는 것처럼 보였습니다. 동시에 차이들은 몹시 흥분되고 흥미로운 것이었고 배움을 통해 풍부해지는 것이었습니다. 우리는 자신의 특출한 문화적 속박으로부터, 그리고 현실에 대한 우리의 관점과 우리의 방식이 최선이고 정확하다는 착각에서 벗어났습니다. 이런 것들이 얼마나 임의적이고 상대적인지 쉽게 깨달았습니다.

라슬로: 테야르 드샤르댕Teilhard de Chardin은 지구에서 불어나고 있는 인구와 이들이 만들어내는 증가하는 정보량을 추적한 뒤 누진적 강화 내지 집중의 과정에 대해 말했습니다. 아마도 60억의 인구가 일종

의 글로벌 브레인을 창조할 수 있을 것입니다. 이 브레인은 기초적인 것입니다. 우리의 의식이 인식하지 못하는 차원에서 서로를 연결시키고 있습니다. 더 깊은 단계까지 우리는 나아갈 수 있습니다. 표면 아래에는 사람들이 의식의 다른 상태에서 진입할 수 있는 강화된 집단적 의식이 있을 것입니다. 이 상태는 그로프가 지금까지 연구해온 것이고 우리가 이야기한 잠재력입니다.

첫째 날 저녁

통찰에서 행동으로

자가 치유와 세상 치유

라슬로: 오늘 오후에 우리가 논의한 주제는 평화롭고 서로 돕는 세계를 만들어내기 위한 기본적 전제 조건에 대해 사람들이 더 잘 이해하게 됐다는 것이었습니다. 서로 다른 문화권 사이에서도 잘 이해되고 있고요. 그렇다면 영성으로 상호 문화적 이해를 달성할 수 있을까요? 영성이라는 것은 사람들이 어울려 살도록 하는 것일까요? 그 이상으로 사회와 세계의 상처를 치료하는 것일까요?

그로프: 분명 잠재력이 있습니다. 타인과 동일시하는 초개인적 경험들은 점점 더 많이 인정받고 있습니다. 저 역시 많이 봤습니다. 유일한 문제는 이런 경험이 충분한 규모로 일어나는지, 때맞춰 변화를 만들 수 있는지 여부입니다.

라슬로: 인도의 실험적 영성 공동체 오로빌에 있는 사람들은 집단적으로 의식에 초점을 맞추면 다른 사람들에게도 영향을 미친다고 확신합니다. 초개인적 의식의 확산이란 것이 실재적이고 바람직한 요소라

는 사실을 확신하십니까? 새로운 의식이 한 개인으로부터 다른 개인으로 건너가는 것과 달리, 이런 확산은 오늘날 세계에서 완전히 다른 것을 만들어낼 수 있을까요?

그로프: 가능성이 있다고 봅니다. 인도에서는 요가 수행자가 히말라야 동굴에서 명상을 하더라도 세상에 긍정적인 영향을 미칠 수 있다고 생각합니다. 물론 현대에 우리는 형태 공명morphic resonance에 대한 셸드레이크의 생각을 알고 있습니다. 불행하게도 백 번째 원숭이 효과의 개념은 이런 메커니즘을 설명해주는 영감 넘치고 인상적인 이미지이긴 하지만 과학적 사실이라기보다는 허구라는 것이 밝혀졌습니다.[9] 처음 그 이야기를 들었을 때 빠져들지 않을 수가 없었지만, 라이얼 왓슨Lyall Watson이 인정했듯이 날조된 것이었습니다.

러셀: 실제로 그는 모든 것을 날조하진 않았습니다. 실험 결과를 토대로 일본의 과학 저널에 글을 썼지만 결과는 신통치 않았습니다. 대단한 것은 없었습니다.

백 번째 원숭이 이야기에서 흥미로웠던 것은 모든 사람이 관심을 보였다는 사실이었습니다. 사람들은 그 이론을 믿고자 했지요. 진실성을 의심하거나 처음의 연구로 돌아가 조사해보는 사람들이 없었습니다. 정말 놀라운 현상이라는 것만 주목했습니다. 비슷한 주제를 다룬 셸드레이크의 생각도 마찬가지입니다. 그는 학습은 전염이기 때문에 더 많은 사람들이 배울수록 더 쉽게 다른 이들도 배울 수 있다고 주

9 1950년대 일본 교토대 영장류연구소 학자들이 미야자키 현 고지마에 서식하는 야생 원숭이들에게 흙이 묻은 고구마를 나눠 주고 어떻게 먹는지 실험했다. 고구마를 씻어 먹는 원숭이가 일정한 임계점인 100마리에 이르자 갑자기 모든 원숭이가 고구마를 씻어 먹게 됐다. 이로부터 나온 이론이 백 번째 원숭이 효과다.

장했습니다. 아무리 지구 상의 타 지역에 살고 있다고 하더라도 말이지요. 경천동지할 주장입니다. 하지만 저는 많은 사람이 아무런 의심 없이 그 이론을 받아들인다는 사실을 알았습니다.

왜 그럴까? 스스로에게 물어봤습니다. 인습적인 생각이 아니라서 그런 것은 아닌 것 같습니다. 감각의 기저에서 이와 비슷한 일이 일어난다고 생각합니다. 직관적으로 느끼는 것이지요. 어떻게 가능한지 모르지만 한 개인의 의식 상태가 타인의 의식 상태에 영향을 끼칠 수 있다는 사실을 내면적으로 인식하는 것입니다. 우리는 초개인적인 의식의 확산을 느낍니다. 그럴 때 누군가 그 느낌을 이론화하거나 그 가능성을 뒷받침하는 실험을 수행한다면, 항상 원하던 증거를 확보했다고 믿게 되는 것입니다.

그로프: 간접적인 증거로서 우리가 고려할 수 있는 관찰에 대해 언급하고 싶군요. 상상할 수 없는 폭력, 잔인함 그리고 피범벅의 이미지나 경험과 연결되어 있는 생물학적 탄생의 추체험이 있습니다. 사람들은 수 세기 동안 잔인성을 경험했습니다. 전쟁, 혁명, 종교재판의 고문실 그리고 집단 수용소가 있었습니다. 자기 탐구의 과정이 이런 차원에 도달할 때 경험은 초개인적인 것이 됩니다. 개인의 역사는 종의 역사와 하나가 됩니다. 이런 과정을 사적인 치료로 시작한 사람들은 그 지점에서 자신들을 치유할 뿐만 아니라 종의 의식도 치유합니다. 집단 무의식은 과거의 불순하고 소화되지 않는 것을 간직한 것 같습니다. 집단적인 정화와 치유를 재현하는 과정으로 개인적인 의식들을 끌고 들어가는 것 같습니다.

이런 경험의 심도와 밀도는 사적이고 개인적인 것으로 간주하는 틀을 넘어섭니다. 사람들은 고통받는 인류와 함께한다고 느낍니다. 그들 중 몇몇은 영적인 문헌에서 이에 들어맞는 원형을 참조합니다. 예를 들어 인간의 죄로 인해 고통받는 예수라든가, 사적인 구원을 거부하고 고통받는 만물을 해방시키려고 하는 보살을 불러들입니다.

이 사실은 저에게 내적 작업과 외적 행동 사이의 관계에 대한 질문을 제기합니다. 외부의 상황을 바꾸는 데 가장 효과적인 것은 무엇일까? 저는 이미 동굴이라는 자신의 거처를 떠나지 않고 세상의 문제를 해결하는 데 도움을 주는 요가 수행자에 대해 이야기했습니다. 몇 년 전 램 다스Ram Dass와 대니얼 엘즈버그Daniel Ellsberg는 캘리포니아 애실로마Asilomar에서 열린 초개인심리학회Association of Transpersonal Psychology, ATP 정기 학술회의에서 이 문제를 놓고 토론을 벌였습니다. 램 다스는 체계적인 영적 실천을 수행했고 그 결과 아주 놀라운 초개인적 경험을 했습니다. 그는 이 세상을 돕기 위해 할 수 있는 가장 중요한 일은 체계적인 내적 작동이 깊은 심리 영성적 전환으로 나아가게 하는 것이라고 결론지었습니다. 만일 모두가 그렇게 한다면 세계는 변화할 것이고 상황을 더 나쁘게 만드는 잘못된 활동들을 피할 수도 있을 것이라고 했습니다.

펜타곤 페이퍼를 출판해 미국 군부의 비밀 계획을 폭로한 활동가이자 평화주의자인 대니얼 엘즈버그는 다른 생각을 가지고 있었습니다. 처음에 그는 이 세계를 바꿀 수 있는 유일한 길은 정치적 저항, 시위, 보이콧 같은 외부적 활동이라고 생각했습니다. 시위에 참여한 뒤 감옥에 갇혀 신문 헤드라인을 장식하는 것이야말로 가장 효과적인 혁명 활동이고 긍정적 변화를 촉발할 수 있는 최선책이라고 느꼈습니다.

그들은 완전히 정반대의 입장에서 토론을 시작했지만, 쟁점이 깊어질수록 서로의 관점을 향해 개방적인 자세를 취하게 됐습니다. 램 다스는 내적인 작업을 통해 자신의 입장을 명확히 한 뒤 그 통찰을 세상에 적용해야 한다는 주장에 동의했습니다. 현재 그는 봉사 활동에 열성적으로 참여하고 있고 환경문제와 다른 기획에 시간과 에너지를 쏟고 있습니다.

반면 대니얼 엘즈버그는 영향력 있는 활동가들이 체계적으로 내적 작업을 해서 전적으로 의식적이고 적절하게 집중적인 외부 활동을 전개하는 것이 중요하다는 점을 깨달았습니다. 능란한 수단을 사용하고, 해결되지 않는 무의식적 충동의 투사에서 자유로워야 하는 것은 물론이고요.

러셀: 자신의 내적 작업을 하면서 타인의 의식에 직접적 영향을 미치는 사람이 확실히 있습니다. 일군의 사람들과 함께 같은 방에서 명상을 할 때 무엇인가 일어납니다. 제 명상이 특별히 잘 진행될 경우, 이는 명상 중에 각자가 서로에게 직접적인 영향을 미쳤다고 볼 수밖에 없습니다.

명상하는 방의 경계를 넘어서서 영향을 미칠 수 있다는 증거가 있습니다. 초월적 명상의 효과를 조사하는 연구자들은 함께 명상하는 이들이 같은 지역에 사는 사람들에게 명백한 영향을 끼쳤다는 것을 발견했습니다. 5,000명까지 인원수를 늘려 한 도시에서 몇 주 동안 명상을 시켰습니다. 그러고 나서 다양한 통계를 살펴본 결과, 실험 기간 동안 범죄율과 사고율 그리고 병원 입원이 줄어들었습니다. 정말 믿기지 않는 결과입니다. 결과가 조작됐다고 생각하진 않습니다. 여기에 비판적인 사람들은 연구자들이 이런저런 매개변수를 제대로 통제하지 못했다고 했습니다. 초월적 명상 연구자들은 더 엄격한 통제하에 실험을 다시 했습니다. 그리고 동일한 결과를 얻었습니다. 정말 대단한 일입니다.

라슬로: 내부와 외부가 연결되어 있다는 것은 희망적인 가능성입니다. 이탈리아 밀라노에서 이와 관련된 실험을 목격한 적이 있습

니다. 실험에 자원한 사람들의 머리에 뇌파 측정용 전극을 붙였습니다. 명상 상태에 들어가자 뇌의 좌우 반구가 동시에 작동하는 반응을 보였습니다. 뇌파가 조화로워졌습니다.

여러 사람이 함께 명상을 할 때 비슷한 효과가 나타난다는 것이 흥미롭습니다. 모든 피실험자의 뇌파가 동시에 작동하는 것이지요. 거의 동일한 뇌파의 패턴이 아무런 감각적 접촉을 하지 않은 사람들에게서 발생합니다. 12명이 명상에 들어가 5, 6분 뒤에 98% 이상 동시 작동했습니다.

동시성과 흥미로운 연결

그로프: 저는 순전히 심리학적인 영역에 관심을 가지고 있습니다. 동시 작동보다는 동시성이라는 개념이 심리학적 영역에 속하지요. 호흡법을 실행하면 서로 직접적인 접촉을 하지 않더라도 동일한 경험을 나누면서 상보적 관계를 이룹니다. 서로의 경험에 관여하면서 동일한 만다라를 만들어냅니다.

러셀: 저는 동시성이 우연히 일어나는 것이라고 생각하지 않습니다. 동시성이라는 것은 명백하게 의식의 중심에 있을 때 빈번하게 일어납니다. 예를 들어 명상 상태에서 벗어날 때 동시성이 항상 발생하지요. 마치 우주 전체가 제 편에 있는 것처럼 보입니다. 모든 것이 완벽하게 작동하고 있는 것처럼 느껴집니다. 기대하거나 계획한 것보다도 훨씬 더 잘 이뤄지는 것 같습니다. 반대로 스트레스를 받거나 피곤하거나 마음이 초조하면 동시성이 거의 일어나지 않습니다. 그래서 이런 연결은 제 의식 상태의 반영인 것처럼 보입니다. 내면적 행복을 찾는 와중에 동시성을 경험하게 되는 것이어서 의미심장합니다.

지금 현재의 패러다임 내에서 이런 연결을 이해하는 것은 어렵습니다. 그럼에도 이런 현상이 일어나고 있고 현재의 패러다임이 잘못된 것이라고 저를 확신시켜주는 증거는 충분합니다.

라슬로: 우리가 알아야 하는 것은 동시적인 효과와 경험이 일어난다는 점입니다. 또한 그것들이 전통적인 인과관계와 상관없이 발생한다는 것입니다. 그러나 저는 관계가 있다고 확신합니다. 그 관계를 찾지 못하는 것은 우리가 낡은 패러다임의 틀 내에 머물러 있기 때문일 것입니다. 아마도 우리는 개인을 훨씬 큰 총체성의 일부로 보고 있을 것입니다. 지금 전환하고 있는 것이 바로 그 총체성입니다. 그리고 개인들은 자신들에게, 공동체에, 문화에 무슨 일이 벌어지고 있는지 이해하고자 합니다. 개인적인 심리에서 설명을 찾는 한, 역설적이고 비의적인 발견을 할 수밖에 없습니다. 반면 진정한 설명은 총체성의 수준에서 이뤄질 것입니다.

우리가 이야기하고 있는 동시성과 상호 연결 또는 우연적 일치를 명확하게 설명하는 것이 중요합니다. 서로 다른 사람들의 마음 또는 물질뿐만 아니라 정신에서 발현되는 것 말이지요.

그로프: 예사롭지 않은 우연의 일치에는 두 가지 유형이 있습니다. 저는 이들 유형에 관심이 있습니다. 첫 번째 유형은 특별한 사건의 축적 또는 조합과 관련되어 있습니다. 이 유형은 오스트리아 과학자인 카메러Kammerer가 처음으로 기술한 것입니다. 그는 아서 케스틀러Arthur Koestler의 책 『두꺼비 산파 사건The Case of the Midwife Toad』에 등장하기도 합니다. 카메러는 동시성 현상에 매료됐습니다. 예를 들어 전차표와 저녁에 볼 극장 공연의 표에 동일한 숫자가 찍혀 있었습니다. 게다가 같은 날 그가 물어본 지인의 전화번호가 그 숫자와 일치했습

니다.

카를 융은 '비인과적 연결로서의 동시성Synchronicity as an acausal connecting principle'이라는 논문에서 카메러의 관찰을 인용하면서 데샹Deschamps 씨와 희귀한 자두 푸딩에 관련된 훨씬 더 놀라운 이야기를 언급했습니다. 데샹 씨는 친구인 드퐁기뷔de Fontgibu 씨에게서 생일 선물로 자두 푸딩을 처음 받았습니다. 몇 년 뒤 그는 파리 레스토랑의 메뉴에서 자두 푸딩을 두 번째로 만났고 그 음식을 시켰습니다. 하지만 레스토랑의 다른 손님이 마지막 남은 푸딩을 이미 주문한 뒤였습니다. 그런데 푸딩을 시킨 사람이 다름 아닌 드퐁기뷔 씨였습니다. 드퐁기뷔 씨도 파리에 올 일이 있었고 '우연히' 같은 레스토랑에 들른 것이었습니다.

여러 해가 지난 뒤 데샹 씨가 자두 푸딩을 세 번째로 만난 것은 어느 파티에서였습니다. 파티 음식으로 자두 푸딩이 나온 것입니다. 그의 마음에 친구 드퐁기뷔 씨가 스쳐 지나갔습니다. 그런데 갑자기 초인종이 울리더니 당황스럽고 혼란스러운 표정으로 드퐁기뷔 씨가 들어왔습니다. 누군가 실수로 주소를 잘못 알려줘서 엉뚱한 집으로 들어왔던 것입니다. 이런 특별한 우연의 일치를 그저 우연으로 받아들이는 것은 쉽지 않습니다. 정말 천문학적으로 별난 일입니다. 현실의 대본을 쓰는 우주적 마술사의 작품처럼 보입니다.

더 놀라운 것은 두 번째 유형입니다. 일부는 정신 내부의 경험이고 일부는 합의된 현실에서 일어나는 물질세계의 사건입니다. 융의 유명한 황금풍뎅이 사례가 있습니다. 그가 어느 환자의 꿈을 분석하고 있는데 황금풍뎅이가 날아와 연구실 유리창을 들이받았습니다. 그런데 그 환자의 꿈에는 이집트 풍뎅이와 관련된 이야기가 있었습니다. 조지프 캠벨도 비슷한 사례를 말하고 있습니다. 『동물적 힘의 방식The Way of the Animal Powers』이라는 책을 쓰고 있을 때 일어난 일이었습니다.

그때 그는 맨해튼에 있는 고층 건물의 14층에 살고 있었습니다. 서가에는 창문이 두 개 있었는데, 하나는 6번가를 향하고 나머지 하나는 허드슨 강을 향하고 있었습니다. 6번가 풍경을 별로 좋아하지 않았기 때문에 그는 그쪽 창문을 연 적이 거의 없었습니다. 아프리카 칼라하리 사막에 사는 부시먼의 신화에 대해 쓰고 있었는데, 신화에서 중요한 영웅적 형상은 사마귀였습니다. 그는 이 사마귀에 대한 논문과 사진 더미에 둘러싸여 있었습니다. 한창 글을 쓰던 중에 그는 갑자기 평소에 닫아뒀던 창문을 충동적으로 열고 싶어졌습니다. 놀랍게도 사마귀 한 마리가 맨해튼 고층 건물의 벽을 타고 14층까지 기어 올라와 있었습니다. 이런 일이 정말 우연하게 일어난 것일까요?

자아의 죽음과 부활에 관련된 심오한 심리 영성적 전환을 겪는 사람들이 동시성을 더 자주 경험한다는 사실이 관찰됐습니다. 이 경험은 가치 체계와 일반적인 삶의 전략에서 중요한 변화를 낳습니다. 사람들은 더욱더 현재 속에서 살게 되고 열정을 가지게 됩니다. 특정한 목표가 강요하는 완고함에 흥미를 잃어버립니다. 그들의 삶은 더 이상 레슬링이나 복싱처럼 되지 않습니다. 은유적으로 말하자면 서핑에 가까워집니다. 서핑을 할 때는 방향을 정할 수 없습니다. 파도에 몸을 맡겨야만 합니다. 미래의 목표를 위해 투쟁하거나 적들을 밀어붙이거나 장애물을 제거하는 대신, 어디로 에너지가 향하고 어디에 적용될 수 있는지 인지합니다. 흐름에 자신을 내맡기는 것입니다. 도가에서 말하는 무위 같습니다.

삶은 수월하고 이상하게 충만하고 훨씬 창조적이고 생산적이고 보람찹니다. 동시성이 일어나기 시작하면서 우리가 하고 있는 일들을 지지하고 촉진합니다. 우리가 하고 있는 것은 우리 자신의 개인적 관심이 아니라 더 큰 공동체를 위한 일이 됩니다. 타인과의 깊은 연결감과 봉사, 협동, 시너지에 대한 욕구가 샘솟습니다. 차이의 인정, 더 넓어진 포용, 그리고 인류 가족, 자연, 우주에 대한 소속감을 느낍니다. 동시에 생태적인 인식과 감수성이 놀랍도록 증가합니다.

라슬로: 우리 자신의 마음에서 또는 우리가 알고 있는 타인들의 마음에서 서로 다른 사건들이 함께 일어날 때, 우리는 기억과 관련 회상을 통해 그것을 설명하고자 합니다. 그러나 누군가의 마음에서 일어나는 하나의 사건이 외부의 물리적 세계에서 발생할 때, 우리는 다른 현상과 관련을 맺게 됩니다. 여기에서는 매우 다른 설명의 틀이 필요합니다. 여기가 바로 마음과 의식의 범위와 힘에 대한 연구의 도전이 흥미진진해지는 지점입니다.

둘째 날 오전

의식혁명의 개인적 의미

가치의 변화

라슬로: 어제 우리는 세계의 위기가 임박했지만 그 위기를 넘어설 수 있는 의식의 전환을 말해주는 징조들이 있다고 이야기를 나눴습니다. 우리 외부의 '객관적' 세계와 우리 내부의 '주관적' 세계 모두에서 전환이 일어나고 있습니다. 후자에서 가치는 중요한 역할을 담당합니다. 사회에서 전개되는 가치 이동의 본성과 방향은 무엇일까요? 저에게 결정적인 문제로 보이는 이것은 우리 모두에게 개인적으로나 집단적으로 관련되어 있는 것입니다.

러셀: 저는 최근에 일어나고 있는 가치 이동을 자아에 대한 집착이 느슨해진 것이라고 해석합니다. 가치는 기본적으로 중요하게 지켜내야 하는 것이고 값진 것이며 우리 삶에서 중요하게 고려되는 것입니다. 서양 사회에서 많은 가치는 자기중심성이나 자기 배려에 밀착되어 있습니다. 다른 사람들이 나를 어떻게 생각할까? 내가 필요로 하는 것을 가질 수 있을까? 나는 어떻게 안전할 수 있을까? 나를 행복하게 해줄 돈과 물건 그리고 경험을 가지고 있을까? 나의 세계를 충분히 통

제하고 있는 것일까? 이런 것들이야말로 우리가 중요한 가치를 부여하는 것이자 행동을 결정하는 조건입니다.

어제 그로프가 이야기한 것처럼 심오한 영적인 전환의 결과로, 아니면 우리가 훨씬 성숙해지고 현명해진 결과로 자기중심성이 점점 힘을 잃어감에 따라 방점의 이동이 일어나고 있습니다. 말하자면 가치의 이동이 일어나고 있는 것이지요. 다른 사람들과 다른 동물들 그리고 환경에 대한 배려가 자발적으로 일어나고 있습니다. 점점 더 많은 사람이 내면 깊숙한 자아의 차원을 만나게 될수록 사회적 가치에서 일반적인 이동이 일어날 것이라고 기대할 수 있습니다. 이런 자아의 차원은 자기 정체성의 문제와 그렇게 밀착되어 있는 것이 아닙니다.

라슬로: 개인적 가치의 변화가 제도와 행동의 패턴을 바꿀 만큼 강력한가, 이것이 큰 문제일 것입니다. 사회적이거나 직업적인 역할이 주어지는 순간 우리는 다른 사람의 기대에 따라 행동하게 되기 때문입니다. 전환적인 경험을 하고 새로운 통찰을 얻게 되면 의식혁명이 일어나게 됩니다. 그런데 과연 그런 경험을 하면 다시 과거의 역할과 행동으로 돌아가지 않는 것일까요? 대부분의 사람들이 정말로 달라지고 행동도 다르게 하는 것인지 궁금합니다.

그로프: 몇 년 동안 저는 극적으로 변화하는 사람들을 지켜봤습니다. 그들은 내면적으로 변화할 뿐만 아니라 일상생활에서도 깊은 영향을 받습니다. 많은 경우 그들은 예전 직업이나 삶의 상황을 고수합니다. 의사나 변호사, 교사는 방점이 달라진 새로운 관점을 유지하면서 하던 일을 그대로 계속할 수 있습니다. 그러나 현실을 새롭게 바라보는 관점과 공존하기 어렵고 함께할 수 없는 직업들도 있습니다.

제 친구 중에 물리학자가 있습니다. 그는 미사일 궤도에 대한 지자기 영역의 영향을 주제로 박사 논문을 썼습니다. 박사 논문으로 인해 펜타곤에서 일하기도 했습니다. 어느 날 그와 동료가 160km^2 넓이를 초토화하기 위해 어떻게 다탄두미사일을 배치할 것인지 계산하는 임무를 수행하고 있었답니다. 수학적인 계산을 하던 중에 그는 갑자기 이것이 추상적으로 논해야 할 사안이 아니라는 것을 깨달았습니다. 추상적인 수학 문제가 아니라 인간의 삶, 어머니와 아이, 가족, 학교, 병원 등과 관련된 문제였던 것입니다. 그는 자리에서 일어나 걸어 나온 뒤에 다시는 돌아가지 않았습니다. 그 후 영성에 깊은 관심을 가진 지압사이자 치료사가 됐습니다.

라슬로: 저 역시 사람들의 삶을 바꿔놓은 각성의 경험을 알고 있습니다. 얼마 전 독일에서 한 남성을 만났습니다. 그는 젊었을 때 정육점을 운영했습니다. 제2차 세계대전 후 독일에 주둔한 미군 본부와 연결이 되어 미군 식당에 소시지를 납품하는 일을 따냈습니다. 그러고는 승승장구했습니다. 성공을 거둔 후에 그는 소시지에 특화된 육류 가공회사를 차렸습니다. 갑부가 된 그는 어마어마한 도살장과 직원들을 두게 됐습니다.

어느 날 그는 사하라 사막으로 휴가를 떠났습니다. 베두인족처럼 살아보려고 사막에서 2주를 보낸 것이지요. 그런데 갑자기 어떤 깨달음이 그에게 일어났습니다. 동물들에게 엄청난 짓을 하고 있다는 사실을 깨달은 것입니다. 사람들에게도 잘못하고 있다는 것을 알았습니다. 그의 삶은 낭비되고 있는 것처럼 보였습니다. 정육 회사는 그가 해야 할 일이 아니었습니다. 집으로 돌아와서 모든 가산을 처분한 뒤에 그는 생태적 책임을 위한 재단을 설립했습니다. 그의 '깨어남'은 사막에 머무르는 동안 찾아온 의식의 전환 덕분이었습니다.

개인적인 차원의 변화이지만 사회 전체로 봐도 의미 있는 변화였습니다. 다른 이들에게도 영향을 미쳐 변화를 유도할 것이니 말입니다. 얼마나 많은 사람들이 자신의 삶을 송두리째 변화시키는 경험을 할 수 있을까요? 그런 일이 일어나도록 도울 수 있는 일은 무엇일까요?

그로프: 우리는 고대적이든 현대적이든 이런 변화를 촉진할 수 있는 방법들을 가지고 있습니다. 변화에 대한 장삼이사의 관심은 증가하고 있는 것처럼 보입니다. 계기를 만나면 변화는 갑자기 일어납니다. 켄 링은 어느 마피아 일원의 경험을 사례로 들었습니다. 그는 임사 체험 뒤에 완전히 다른 사람이 됐습니다. 켄은 테야르 드샤르댕의 오메가 포인트라는 개념을 언급하며 '오메가 경험'에 대해 이야기했습니다. 오메가 포인트는 인류의 진화가 향하는 지점입니다. 그는 오메가 경험으로 임사 체험 이외에도 자발적인 신비의 상태, 환각 경험, UFO 납치 경험, 쿤달리니Kundalini 각성 같은 자발적인 심리 영성적 위기 또는 '영성적 비상 상태'를 들었습니다.

러셀: 많은 사람이 관련되어 있는 변화의 사례로 육식을 들 수 있습니다. 20년 전만 해도 채식주의는 흔하지 않았습니다. 오히려 짜증 나는 일이었습니다. 오늘날 채식주의는 광범위하게 받아들여지고 있고 레스토랑 대부분은 괜찮은 채식 메뉴를 제공합니다. 이런 이행에 숨겨진 요소들이 있습니다. 몇몇은 건강상 이유로 채식을 선택합니다. 또 다른 몇몇은 육류를 생산하는 환경적 비용을 생각해서 채식을 선택합니다. 몇몇은 동물을 사육하는 방식에 충격을 받아서 그런 종류의 야만성을 지지하지 않고자 채식을 선택합니다. 다른 이들은 자연히 죽지 않은 어떤 것도 먹지 말아야 한다고 느끼기 때문에 채식을 선택합니다. 이 모든 선택이 고기를 덜 먹는 방향으로 나아가게 만듭니다. 완전한 채식주의가 아니라 훨씬 더 균형 잡힌 식습관을 가질 수 있게 합

니다. 이런 가치의 변화는 사람들이 세계를 더 깊이 이해하기 시작했기 때문에 일어나는 것입니다.

그로프: 라슬로는 우리가 많은 사람을 변화시킬 수 있는지 물었습니다. 어떻게 보면 여러 다른 방식으로 변화는 이미 일어나고 있습니다. 의식의 전환과 진화를 촉진할 수 있는 다양한 경험의 유형들이 있습니다. 제가 이야기했듯이 켄 링의 오메가 경험들이 있습니다. 이 모든 것은 인격 구조, 세계관, 가치의 위계 그리고 삶의 전략에 충격을 줍니다. 자기 파괴를 통해 통찰들을 만들어냅니다. 때때로 그 경험은 우리가 변화하지 않으면 맞이할 사회적, 자연적 재난과 파국의 실질적 전망들을 내포합니다. 오메가 경험이 자연적으로 산출하는 것은 행성적 시민권, 깊은 생태적 각성, 주류 종교의 종파주의와 불관용을 대체할 포용적인 본성의 보편적 영성입니다. 앞으로 대중매체를 통해 '신성한 기술'에 대한 지식을 더 큰 규모로 사용하게 만들고 자발적 전환의 경험을 가진 이들을 지원하는 시스템을 만들어내는 것이 중요합니다.

라슬로: 계속 흥미가 가는 질문을 살펴봅시다. 이런 특별한 경험들은 어디에서 오는 것일까요? 전적으로 개인에게 내재적인 것일까요, 인류 전체에게 내재적인 것일까요? 아니면 인간 너머에 있는 무엇이 촉발한 경험의 파장인 것일까요?

그로프: 영성을 경험할 때 우리는 보통 초개인적인 원천에 연결되어 있다고 느낍니다. 더 높은 힘 또는 더 높은 지성 말입니다. 원형적인 존재의 형태를 띠거나 형태 자체를 초월한 것으로 보일 수도 있습니다. 후자일 경우에 우주적인 의식, 보편적 정신, 도, 그리고 무엇이

라고 부르든 우리가 기탁하길 원하는 이름 붙일 수 없는 신으로 인식됩니다. UFO의 경험에서 원천은 외계적인 지성, 다시 말해 우주의 다른 부분에서 온 존재로 받아들여집니다.

물론 언제나 정신 내부와 저 너머에 있는 것에 대한 질문은 있었습니다. 훨씬 더 큰 초개인적 관점에서 본다면, 신으로 인식되는 것은 실제로 고양된 우리 자신의 양태이고 외계적인 경험들은 집단 무의식에서 기인하는 것입니다. 힌두교의 아트만Atman-브라만Brahman 개념처럼 개인적 심리는 궁극적으로 존재하는 모든 것과 서로 통합니다.

러셀: 때때로 저는 우리 자신의 내부에서 오는 것과 '저 너머'에서 오는 것 사이에서 제기되는 질문이 얼마나 중요한지 궁금합니다. 아마도 '저 너머'와 '여기' 사이를 구분하는 것은 환상일 것입니다. 중요한 것은 경험 자체의 가치입니다. 영성적인 경험들은 언제나 강력하고 감동적인 경험입니다. 많은 경우 그 경험들은 사람들의 삶을 더 낫게 바꿉니다.

그로프: 다음과 같이 이야기하면 그렇게 틀린 말은 아닐 것입니다. 이 경험들은 사람들이 정체성이라고 믿고 있는 지점들 너머에 있는, '살갗에 둘러싸인 자아' 너머에 있는 원천들에서 나오는 것처럼 보입니다. 이런 경험들은 사람들의 제한된 자기개념을 급격하게 경계 너머로 확장시키는 역량입니다.

라슬로: 아마도 나와 내가 아닌 것을 이분법적으로 구분하는 것은 제대로 질문하는 방법이 아닙니다. 우리 내면에 있는 것은 우리 너머에 있는 것을 이루는 부분일 것입니다.

그로프: 많은 비의적인 시스템들을 구성하는 기본교리가 그것입니다. 인간존재는 대우주를 반영하는 소우주, 전체의 정보에 접속해 있는 소우주입니다. 위에 있으면서 아래에 있습니다. 외부이면서도 내부입니다. 우리는 고대 자이나교의 지바jivas 개념, 화엄종 또는 아바탐사카Avatamsaka 불교, 탄트라, 카발라Kabbalah, 연금술 전통에서 이런 원리를 발견합니다. 근대에서도 비슷한 생각을 라이프니츠의 단자론, 우주의 홀로그램 모델, 화이트헤드의 과정 사유, 라슬로의 개념 체계에서 찾아볼 수 있습니다. 모든 현대와 고대의 모델들은 내면과 외면, 개인과 우주를 나누는 엄밀한 이분법과는 다른 근본적인 대안을 제공합니다.

라슬로: 그렇습니다. 제 입장에서 인간존재는 세계의 통합적 부분입니다. 분리되어 있는 존재가 아닙니다. 이런 생각은 서양에서는 새로운 것입니다. 개인성의 가치는 르네상스 유럽의 발견이었습니다. 개인성은 만물이나 타인과 다른 독창성을 가진 것입니다. 지금까지도 우리는 여전히 집단적인 사람보다 독창적인 개인이 훨씬 더 높은 발전 단계에 있는 존재라고 생각합니다.

그러나 최근 우리는 개인이란 존재가 결코 분리되어 있는 것이 아니라 오히려 더 크고 훨씬 포괄적인 전체의 부분이고, 인간과 환경의 일부라는 깨달음에 도달하고 있습니다. 물론 이런 깨달음은 개인이란 존재가 사실상 기계의 톱니바퀴일 뿐이고 글로벌 브레인의 뉴런에 지나지 않는다는 공포를 야기하고 있습니다.

러셀: 개인성을 반드시 나쁜 것으로 인식하지는 말아야 합니다. 진화적 발전에서 중요한 부분입니다. 우리 문화에서 개인성이 없었다면 이만큼 발전하기 어려웠겠지요. 지금 중요한 것은 개인성을 더 큰 전

체의 일부라는 인식으로 보완하는 것입니다. 이것이야말로 우리가 더 큰 협력과 일체성을 발전시키는 방법입니다. 진화의 가장 위대한 발걸음 중 하나인 개인성을 억제하지 않고 더 큰 깨달음을 망라하는 경계로 나아가면서 발전해야 합니다.

우리의 개인성을 후퇴시키는 것이 아니라 더 완전하게 성장시킬 필요가 있습니다. 문화에 만연한 자아의 의미는 많은 경우 제한적입니다. 우리 대부분은 우리가 가지고 있는 것과 하는 것, 남들이 자기를 보는 시선, 사회적 지위, 삶에서 맡은 역할, 직업, 신념, 심지어 소유하고 있는 자동차에서 정체성을 끄집어냅니다. 이런 방식은 많은 문제를 안고 있습니다. 우리가 가진 것과 하는 것에서 이끌어낸 정체성은 지속적으로 위협을 받습니다. 정체성을 이끌어낸 기준들 자체가 변화한다면 우리의 정체성도 위협을 받을 수밖에 없습니다. 우리는 적합해서가 아니라 자아의 의미가 강화될 필요가 있어서 행위를 하거나 말을 합니다.

역설적으로 이런 생각은 진정한 정체성을 억압하도록 만듭니다. 우리는 사회적인 규범과 인정, 선함의 기준에 맞추기 위해 진정한 자기 자신을 억압합니다. 자기 자신에게 솔직한 사람이 되기보다 자기 자신에 대한 이미지를 구성하면서 살아갑니다. 그 결과 옳은지 그른지 판단도 없이 그냥 일을 저지르고 보는 것입니다.

라슬로: 전적으로 동의합니다. 개인성 자체는 문제가 아닙니다. 다만 고립된 개인성이 문제겠지요. 개인을 사회나 자연으로부터 분리된, 심지어 떨어져 나온 것으로 보는 관점이 문제입니다.

러셀: 그런 맹목적인 개인성이 문제입니다. 우리는 사람들이 훨씬 자유롭게 되는 것을 도와야 합니다. 자기 스스로 생각하고 더 깊은 내

면의 지혜와 만나서 자기를 표현할 수 있도록 도와야 합니다.

개인성이 더 진화하는 것은 훨씬 협조적인 사회의 구성원이 되는 것과 충돌하지 않습니다. 반대로 협력을 더 강화합니다. 인위적으로 끌어낸 자아의 의미 너머로 나아간다면 자기 연민에 곧잘 빠지는 자기배려 너머로 나아가게 됩니다. 타인의 욕구를 더 낫게 인식하고 느낄 수 있습니다.

그로프: 서양 산업 문명의 지배적인 세계관은 집단에게든 개인에게든 도움이 되지 않습니다. 이 세계관의 신조는 오류입니다. 이것은 궁극적으로 효과적이지 않고, 파괴적이고, 충족되지 않는 존재의 방식과 삶의 전략을 장려합니다. 이런 세계관은 돈, 소유, 사회적 지위, 권력, 명성을 위한 경쟁에서 승리하는 것이 우리를 행복하게 만들 것이라고 믿게 만듭니다. 앞서 논의했듯이 이 믿음은 전혀 사실이 아닙니다. 이런 측면에서 서양 문명은 망상의 주문에 걸려 있습니다. 이 전략을 추구하는 것은 신기루를 좇는 일입니다. 목표를 달성하든 달성하지 못하든 패자의 전략입니다. 그 자체로 만족과 충족을 가져올 수 없습니다.

켄 윌버Ken Wilber는 그의 책 『아트만 프로젝트The Atman Project[10]』에서 흥미로운 개념을 만들어냅니다. 그는 영원 반복의 철학에 근거한 기본교리를 묘사합니다. 진정한 우리의 본성은 신적이고, 최종 분석에서 우리 자신은 우주의 창조 원리와 동일하다는 것입니다. 창조의 과정이 우리를 신적인 정체성으로부터 분리하고 소외시키더라도, 이런 연결에 대한 깨달음은 결코 완전히 상실하지 않습니다. 인간 심리에서 가장 아래에 있는 동기부여의 힘은 우리 신성성의 귀환을 갈구합니다.

---

10 아트만은 힌두교에서 영혼이나 자아를 지칭하는 말이다.

물론 물질에서 작동하는 몸-자아를 자신으로 믿는 한, 신성성의 귀환은 불가능합니다. 저기에 있는 모든 것을 품고 그 모든 것이 되어야 합니다.

라슬로: 그로프, 여기에 대해 좀 더 이야기를 해줄 수 있나요?

그로프: 이에 대해 잘 알려주는 알렉산더 대왕과 관련한 이야기가 있습니다. 그는 확실히 세속적 성취와 어울리지 않는 특이한 사람입니다. 그는 물질세계에서 모든 사람이 원하는 것보다 더 나아가 신적인 지위를 획득한 위인입니다. 실제로도 신적인 알렉산더라고 불립니다. 이야기는 다음과 같습니다. 비교할 수 없이 어마어마한 군사적 승리는 그의 고국인 마케도니아와 인도 사이에 있는 거대한 영토를 선사했습니다. 마침내 알렉산더 대왕은 인도에 도착했습니다. 거기에서 대왕은 미래를 내다보는 특별한 권능을 지닌 요가 수행자에 대한 이야기를 들었습니다.

알렉산더 대왕은 요가 수행자를 방문해서 자신의 운명을 알아보기로 했습니다. 요가 수행자의 동굴에 도착했을 때 그 현자는 매일 수행하는 영적인 훈련에 몰입하고 있었습니다. 알렉산더 대왕은 참을성 없이 명상 중간에 끼어들어 그에게 미래를 볼 수 있는지 캐물었습니다. 요가 수행자는 조용히 고개를 끄덕이고 나서는 다시 명상에 빠져들었습니다. 알렉산더 대왕은 다시 그를 명상에서 깨어나게 해서 다급하게 물었습니다. "짐이 인도를 성공적으로 점령할 수 있는지 말해줄 수 있소?" 요가 수행자는 잠시 명상에 잠겼다가 천천히 눈을 떴습니다. 그는 알렉산더 대왕을 고요한 표정으로 한참을 지켜본 뒤에 말했습니다. "당신에게 결국 필요한 땅은 발아래 2m뿐입니다."

인간의 딜레마에 대해 이보다 더 적나라하게 보여주는 사례는 찾아

보기 어려울 것입니다. 물질적 수단을 이용해서 우리의 신성성을 실현하기 위한 절망적 노력과 몸-자아와 동일시되는 우리 자신의 한계야말로 딜레마의 실체입니다. 신적인 존재로서 우리의 완전한 잠재성을 성취할 수 있는 유일한 방법은 내적인 경험을 통과하는 것뿐입니다. 이런 통과는 분리된 자아의 죽음과 초월, '살갗에 둘러싸인 자아'로 인식되는 자기 정체성의 죽음을 요구합니다. 절멸이 두렵고 자아를 이해해야 하기 때문에 아트만의 대체와 대리에 만족해야 합니다. 삶을 살아가면서 맞이하는 이런 변화들은 언제나 특수한 단계에 해당합니다.

태아나 신생아에게 아트만 대체는 자궁이나 젖가슴에서 느끼는 축복받은 경험입니다. 유아에게 이런 경험은 기본적인 생리학적 충동과 안전에 대한 욕구의 충족입니다. 어른이 되면 아트만 프로젝트는 셀 수 없이 복잡한 단계로 진입합니다. 이제 아트만 대체는 넓은 스펙트럼에 걸쳐 있습니다. 음식과 섹스 이외에 돈, 명성, 권력, 외모, 지식 그리고 다른 많은 것들을 포함하게 됩니다. 동시에 우리는 더 깊은 의미에서 실질적으로 창조적 원리와 창조의 총체성에 일치하게 됩니다. 이런 이유로 정도와 범위의 차이에 따라 불만족이 생깁니다. 만족하지 못하는 욕심을 위한 해결책은 세속적인 추구가 아니라 내면세계에 있습니다. 오직 의식의 비범한 상태에서 겪는 신성성의 경험만이 가장 깊은 욕구를 충족해줄 수 있습니다.

삶의 목적에 대해

라슬로: 좀 더 일상적인 문제로 화제를 옮겨봅시다. 이 역시 중요한 문제입니다. 오늘날 세계는 의미를 상실하고 있습니다. 대부분의 사람들은 삶에서 무엇이 중요한지 알지 못합니다. 이 문제를 한번 고찰해봐야 할 것 같습니다.

지금 우리도 대화를 나누고 있지만, 대화에서 무엇이 중요한지부터 물어보겠습니다. 제 생각에 대화에서 중요한 요소는 정확한 마음의 프레임에 사람들을 놓는 기교가 아니라 대화에 참여하는 사람들이 상대방의 의미를 간파할 수 있도록 하는 것입니다. 오가는 말을 이해하고 토론하는 것이 중요합니다. 제대로 이해를 못 한다면 이해해야 하는 것이 남아 있는 것이지요. 사람들은 그들 자신의 관점을 옹호하기보다 타인의 관점을 이해하는 것이 훨씬 더 중요하다는 것을 알아야만 합니다. 만일 누군가 자신의 자아 너머로 갈 수 있다면, 그래서 대화를 통해 무엇인가 얻을 것이 있다는 것을 이해한다면 훨씬 개방적일 수 있을 것이고 누구의 관점인지 따지는 태도를 한쪽으로 밀쳐놓게 될 것입니다.

러셀: 우리는 삶에 그런 원리를 적용할 수 있습니다. 우리 삶에서 진정 중요한 것은 무엇일까? 우리가 진정 원하는 것은 무엇일까? 이렇게 묻는 것 자체가 바로 심오한 훈련일 것입니다. 맨 처음 대답은 종종 우리 경험과 사회적 조건의 결과입니다. 또는 그 대답은 가능하다고 믿는 것만을 허락할지도 모릅니다. 그러나 만일 우리가 계속해서 질문한다면, 매번 더 깊은 차원에 육박한다면 왜 나는 그것을 원하는가라는 질문을 살피면서 대부분은 매우 유사한 결론에 도달할 것입니다. 내면에서 더 좋게 느껴지는 것, 더 평화로운 것, 고통에서 해방되는 것을 추구하는 것입니다. 우리는 외면적인 것들, 다시 말해 돈, 승진, 더 나은 관계, 휴가 등을 원하지만 이는 모두 다른 목적을 위한 수단입니다. 궁극적으로 우리는 의식의 상태를 개선하려고 하는 것입니다. 이 사실은 하던 일을 멈추고 모두 내면의 평화를 추구하라는 뜻이 아닙니다. 작업과 돈이 그 자체로 목적이 아니고 더 심오한 영성적 목적을 위한 수단일 뿐이라는 사실을 깨닫는 것이 중요합니다.

라슬로: 무슨 일이든 의미의 정도가 있습니다. 가장 낮은 단계는 일하고 일당을 받는 것입니다. 무엇을 하든 상관없습니다. 그냥 돈을 받는 것이지요. 명백하게 본질적인 의미가 없이 수행해야 하는 직업이 있습니다. 누군가 일을 그만두면 누군가 그 일을 합니다. 그러나 언젠가 이런 단순한 일들은 기계가 차지하게 될 것이고 사람들은 더 의미있는 일들을 할 수 있을 것입니다.

두 번째 단계는 관심이 있어서 그 일을 하는 경우입니다. 흥미로운 일이거나 취미로 하는 일입니다. 취미로 돈을 벌 수 있다면 금상첨화입니다. 이상적인 경우처럼 보입니다만 최고 수준은 아닙니다. 왜냐하면 이런 종류의 일은 즐거움을 위해 시간을 때우는 정도이기 때문입니다.

다음 단계는 내가 지금 하고 있는 일이 진정 의미 있는 일인지 스스로에게 묻는 것입니다. 어떤 목적을 가지고 있을까? 사적인 충족을 위한 것일까? 이런 질문에 대한 대답을 찾을 수 있다면, 재미와 목적을 모두 충족시키는 활동을 찾을 수 있다면 매우 행운일 것입니다. 물론 더 높은 목적을 달성하는 것은 쉽지 않습니다. 희생이 필요합니다. 순교를 생각해보십시오. 목적에 도달하기 위해 중요한 일을 한다는 믿음 없이 자발적으로 순교를 하지는 않을 것입니다. 예술을 하기 위해 일상의 편안함을 내던지는 예술가들을 생각해보십시오. 어떤 단계에 도달할지 결정짓는 것은 야망입니다. 그러나 돈에 쪼들리지 않으면 첫 번째 단계는 넘어가야 합니다. 무엇인가 돈을 벌기 위해 하는 것이라면 그 일이 끝나자마자 깨끗이 잊어버릴 것입니다. 사무실이나 가게의 문을 닫고는 일을 해서 번 돈을 어떻게 쓸지 두리번거리겠지요.

최고는 사적인 삶과 사회적인 활동을 즐겁고 의미 있게 결합하는 것입니다. 몸과 영혼을 함께 유지하게 만듦으로써 만족을 얻을 수 있습니다. 자신의 취향과, 삶에서 이룩하고자 하는 것을 추구하는 의미를 따르는 것이 중요합니다.

물론 문제가 하나 있습니다. 모든 사람의 삶에서 드러나진 않지만 많은 사람의 생애에서, 특히 서양에서 나타나는 문제입니다. 사회에 기여하고 자연과 조화를 이루면서 사는 것에 대한 회의주의가 그것입니다. 목적과 의미에 대한 모든 이야기가 스스로를 속이는 것이라고 보는 것입니다. 기본적으로 사람들은 돈을 원하기에 일을 한다는 것이지요. 사무실 사환이든 거리의 노동자든 회사의 대표든 국가의 수장이든 모두 직업적으로 일을 할 뿐이라는 것입니다. 부자가 되면 더 좋고요. 이런 종류의 생각은 월급 너머에 있는 모든 의미와 성과를 해체시켜버립니다.

러셀: 사람들이 왜 돈에 집착하는지 그 이유를 묻는 질문이 떠오르는군요. 돈 자체는 우리를 행복하게 만들지 않습니다. 초록색 종이 더미이거나 금속의 일종인 황금이거나 은행 문서에 찍혀 있는 숫자일 뿐입니다. 돈의 가치는 그것으로 무엇을 사는지에 달려 있습니다. 우리는 행복이나 안전 그리고 평화를 줄 수 있는 다양한 것들을 사기 위해 돈을 사용할 수 있습니다. 무엇을 가지고 있으며 무엇을 하는지, 가능한 경험을 어떻게 하는지에 따라 내면에서 다르게 느낄 수 있다는 믿음으로 되돌아오는 것은 이 모든 것에서 기인합니다. 돈이 많으면 많을수록 더 행복할 것이라고 우리는 생각합니다. 그러나 부와 행복은 거의 관계가 없습니다. 저는 부자들이 슬프고 불안정하고 우울한 영혼을 가지고 있다는 것을 압니다. 그래서 저는 서양의 기준에서 가난한 사람들만을 사귑니다. 그들은 잡다한 일에 매여 있지만, 제가 알기로 이 세상에서 가장 행복하고 친절하고 사랑을 주는 사람들입니다.

라슬로: 그들은 소비사회를 탈출했습니다. 소비사회에서 돈벌이의

덫과 인센티브는 우리에게 말합니다. 돈이 있으면 지위와 특권뿐만 아니라 편안함도 살 수 있을 것이라고 말입니다. 더 많이 가질수록 더 나은 사람이 됩니다.

최근에 인도에서 냉장고 광고를 봤습니다. 광고 문구는 간단했습니다. '가진 자의 자부심, 이웃의 부러움.' 이 제품을 산다면 자부심을 가질 수 있고 이웃으로 하여금 부러움을 느끼게 할 수 있다는 내용입니다. 이것이 바로 무엇인가를 사서 얻는 인센티브입니다. 그러나 아무리 비싼 제품을 사더라도 그것이 더 나은 사람이라는 것을 말해줄 수는 없습니다. 자신에 대해 자부심을 느낄 수는 있습니다. 그러면 당신 이웃은 부러워할 것입니다.

러셀: 어떤 제품이나 서비스 광고에서 이것을 사면 기분이 좋아질 것이라는 메시지를 발견하기란 어렵지 않습니다. 이것은 내면의 평화를 결정하는 것은 무엇을 가지고 있으며 무엇을 하고 있는지에 달려 있다는 믿음을 부추깁니다. 우리를 덫에서 못 빠져나가게 만드는 것이 이것입니다. 광고는 그것을 강화시키는 것이지요.

그로프: 광고심리학은 흥미롭습니다. 우리는 얼마나 자주 광고 만드는 사람들이 자부심, 탐욕, 심지어 성욕까지 동원해서 물건을 팔려고 하는지 알고 있습니다. 교육 수준이 높아서 프로이트의 정신분석마저도 잘 이해하는 섬세한 소비자들은 광고 속의 성을 명백히 인지합니다. 그들은 구매 독려를 위해 얼마나 노골적으로 성을 사용하는지 알고 있으며 숨겨져 있는 성적 상징주의를 읽어내기도 합니다. 중독과 영성에 대한 연구를 수행하면서 크리스티나는 광고 산업이 점점 더 자주 소비자를 유혹하기 위해 영성적인 상징주의를 이용한다는 것을 발견했습니다. 많은 광고를 모아서 분석해보니 황금, 진귀한 돌, 신

의 빛, 별로 가득한 하늘, 무지개, 공작새 디자인, 산 정상 등 영성적인 상징들이 쓰이고 있었습니다. 서양의 산업 문명에서 이런 광고는 물질적 추구와 시장의 유토피아가 우리의 잃어버린 영성을 대리하고 있다는 사실을 명백하게 보여줍니다.

러셀: 우리가 이야기해온 의식혁명에서 중요한 것은 사람들이 점차 깨어나서 진리를 깨우치고 있다는 사실일 것입니다. 진리는 우리 내면 깊숙한 곳에서 말합니다. "아니요, 그렇지 않습니다. 내가 느끼는 방식대로 선택할 권리가 있습니다." 우리는 외부적 환경의 피해자가 될 필요가 없습니다. 사람들은 내면적 진리를 지지하는 용기를 내고 있습니다. 그래서 각자가 용기를 내면 낼수록, 다른 사람들도 알고 있고 똑바로 느끼고 있는 것을 위해 일어날 것입니다. 이것이야말로 깨어남의 의미입니다. 물질주의적 세계에 대한 우리의 집착을 버릴 수 있는 길입니다.

라슬로: 많은 사람이 깨어난다면 우리가 이야기하는 그런 광고들은 사라질 것입니다. 아니면 최소한 수는 줄어들 것입니다. 그런 광고는 자기 충족적인 메커니즘이고 악순환입니다. 사람들은 무엇인가를 원해 제품이나 서비스를 구매합니다. 그런 뒤에 무엇인가 대단한 일을 했다는 말을 듣습니다. 이런 말을 다시 듣기 위해 비슷한 물건을 또 삽니다. 원하든 원하지 않든 그냥 삽니다. 이 순환의 힘은 더 많은 물건을 산다고 더 나아지거나 행복해지지 않는다는 사실을 깨달았을 때 무력화시킬 수 있습니다.

물질적인 생활수준이 삶의 질을 말한다는 것은 잘못된 것입니다. 물질적으로 아주 낮은 생활수준을 누리는 이들이 삶의 질은 엄청나게 높을 수 있습니다. 많은 돈이나 에너지 그리고 자원을 쓰지 않더라도 높은 삶의 질을 누릴 수 있습니다. 직업이나 가구 그리고 친구를 선택하는 것처럼 삶의 방식을 선택할 수 있습니다. 단순하고 높은 삶의 질을 누리느냐, 아니면 위선적이고 값비싸고 뻔뻔한 삶의 질을 누리느냐 선택할 수 있습니다. 바로 선택의 문제입니다.

여기 서양에서 우리는 공격적이고 경쟁적인 문화에 살고 있습니다. 그러나 또한 여기에서 자기 자신과 접촉하고 전환적 경험을 통해 더 큰 세계와 연결되는 전위의 사람들이 등장하고 있습니다. 하지만 여전히 다수는 이런 경험을 하지 못하고 있습니다. 단조롭게 살아가고 있으며, 시스템을 강화하는 경쟁의 프레임에 갇혀 있습니다. 직업에 연연하고 몸과 영혼을 하나로 착각합니다. 뉴스 매체나 광고 그리고 공교육으로부터 정보를 얻습니다. 이런 수준 이상으로 나아가는 것이 쉽지는 않습니다.

물론 전통적인 사회에서 사람들은 일반적으로 자신의 주변에 있는 현실과 훨씬 더 쉽게 접촉합니다. 그러나 심지어 그곳에서도 많은 이들이 서양적인 패턴을 진보라고 생각하고 이를 달성하고자 합니다. 이는 60억 인구 중 수백만 명 정도만 전환적 경험으로 나아갈 수 있는 경로에 있다는 것을 뜻합니다. 여전히 많은 사람이 박자가 맞지 않는 북장단에 맞춰 춤을 추고 있습니다.

새로운 의식이 사람들과 만나지 않는다면 우리는 문제에 처하게 될 것입니다. 캘리포니아에서 많은 사람이 변하더라도 중국인들이 전환적 경로로 나아가지 않는다면, 그들은 서양의 가치를 흉내 내면서 우리의 실수를 되풀이할 것입니다. 만일 의식이 서양의 주류 사회에서 변하지 않는다면 중국인들은 잘못된 믿음을 더욱 강화할 것입니다. 우리는 타인에게 설교나 늘어놓을 것이 아니라 우리 자신에게 설교를 해야 합니다. 제가 보기에 세계 모든 곳에서 의식이 진화하는 것이 중요하기 때문입니다.

그로프: 수년 전에 체코 대통령 바츨라프 하벨Václav Havel은 스탠퍼드대학에서 잭슨 랠스턴 상을 받았습니다. 그때 그는 흥미로운 수상 연설을 했습니다. 최근 몇십 년간의 서양 민주주의를 비판했습니다. 서양의 민주주의는 심오한 영성적 원리에 기초했었는데 지금은 소비자 확보 전략의 일종으로 전락했다는 것이 비판의 요지였습니다. 개발도상국에게 미친 서양의 영향은 주로 기술과 소비 상품을 수출하는 것이었습니다. 수출은 개발도상국의 제의적이고 영성적인 고유한 삶을 희생하면서 이뤄졌습니다. 물질주의와 무신론이 그 자리를 차지했지요. 많은 경우 민주국가들은 그들의 이익을 극대화하기 위해 비도덕적이고 반민주적인 방법을 사용했습니다. 하벨은 이렇게 영성적 원리를 누락한 '민주주의'는 혼란스러운 세계에 아무런 희망을 주지 못한다고 강조했습니다.

라슬로: 산업화가 덜 이뤄진 국가에 사는 사람들이 훨씬 더 바람직한 생활양식과 선한 삶의 본성을 가지고 있습니다. 종종 잘못 표현되기도 합니다만.

그로프: 현대 기술은 전통적인 사람들에게는 엄청난 유혹입니다. 기술은 많은 장비와 재미있는 장난감들을 줍니다. 피상적인 관점에서 본다면 삶이 편안해지고 편리해지는 것이지요. 그러나 이른바 '개발도상국'의 문화생활에 치명적인 결과를 초래합니다. 현대 기술이 들어올 때마다 전통적인 가치와 제의, 영성적인 삶, 그리고 공예와 예술의 창조적인 표현을 파괴합니다.

러셀: 우리가 수출한 것 중에서 가장 위험한 것은 우리의 가치입니다. 사람들에게 사라고 장려한 제품들을 통해서, 그리고 특히 텔레

비전 같은 미디어를 통해서 우리는 개발도상국 사람들이 우리의 자기 중심적인 물질주의적 가치 체계를 도입하도록 독려했습니다. 우리의 집단적 광기의 뿌리에 있는 의식을 강요한 것이지요.

그래서 저는 다른 세계의 의식 변화를 유도하는 것이 아니라 서양 자체의 의식 전환을 북돋우는 것이 문제라고 봅니다. 서양이야말로 의식 변화가 필요한 곳입니다. 다른 세계에게 모범을 보이는 것은 우리의 몫입니다.

그로프: 전적으로 동의합니다. 우리의 가치 체계와 생활양식을 지금 상태로 개발도상국에 수출하는 것은 지구적인 차원에서 자살을 부추기는 것이라고 봅니다. 중국, 인도, 아프리카, 남미의 인구를 한번 생각해보세요. 우리 사회에서 이미 변하고 있는 사람들의 비율을 높여서 과반수를 넘겨야 할 것입니다.

라슬로: 우리가 사는 이 세계에서 의식혁명이 일어나고 있습니다. 그러나 여전히 변화는 의혹에 휩싸여 있습니다. 여전히 너무 느리지 않습니까?

러셀: 그렇게 생각하지 않습니다. 변화를 촉진하기 위해 무엇을 할 수 있는지가 문제입니다. 저는 종종 다른 사람들의 변화가 필요하다는 말을 듣습니다. 정치가가 변해야 하고 사업가가 변해야 하고 장삼이사가 변해야 합니다. 그러나 이렇게 다른 사람들에게 변화의 책임을 전가하면서 정작 우리 자신은 방기합니다. '그들'이 변해야 한다는 말은 쉽게 할 수 있습니다. 그러나 우리도 '그들' 중 한 명이라는 사실을 기억해야 합니다. 의식 수준을 고양시켜야 하는 수십억 명 중 한 명이 바로 나입니다. 지구 상에서 그에 대한 책임을 진 존재이기도 합니다. 나

를 대신해서 나를 변화시켜줄 사람은 없습니다. 그래서 첫 번째 질문은 내가 어떻게 빨리 진화할 것인가, 내 자신의 의식을 변화시키기 위해 무엇을 해야 하는가에 대한 것입니다.

나의 책임은 나에게 국한되지 않습니다. 나 자신에서 그 책임이 시작됩니다. 책임은 제가 개인적인 영향력의 장이라고 부르는 영역으로 확산되어 모두에게 영향을 미칩니다. 영향력의 장은 우리가 상호작용을 하는 모든 사람들의 관계입니다. 가족이나 직장 동료나 이웃이나 사회에서 만나는 사람들을 포함합니다. 대중적인 작가이자 소통가인 우리 세 사람은 우리 책을 읽는 독자들이나 강연과 워크숍에 오는 청중들, 그리고 라디오나 텔레비전에서 우리의 이야기를 들어주는 사람들에게 영향을 미칩니다. 그렇다고 모든 사람에게 영향을 미칠 수 있는 것은 아닙니다. 각국의 대통령들에게 영향을 미칠 수는 없습니다. 그들이 우연히 우리의 책을 읽지 않는 한 요원합니다. 우리가 타인의 변화를 도울 수 있는지 물을 때는 그들이 우리 영향력의 장에 들어올 수 있는지 가늠해야 합니다. 이런 사람들이 내면으로 여행을 떠나도록 돕는 것이 제가 해야 할 일이 아닐까요?

그로프: 확실히 우리 자신에서 시작해야 하는 것이 본질입니다. 우리는 이미 변했고 변해야 할 것은 세계라는 생각으로 살기는 쉽습니다. 그러나 라슬로가 주장하듯이 어떻게 우리 바깥의 세계를 전환하게 만들 것인지에 대한 물음은 남습니다.

우리는 이미 패러다임을 변화시키는 것의 중요성에 대해 이야기했습니다. 서양 산업 문명의 세계관을 갱신하고 전환의 기술을 더 많이 알리고 이용하게 해야 합니다. 저는 이미 일어난 변화를 지원하는 것도 마찬가지로 중요하다고 봅니다. 이미 말했듯이 크리스티나와 저는 의식의 비범한 상태, 다시 말해 신비로운 상태이자 심리 영성적인 위기를 자발적으로 경험하는 것에 관심을 갖고 있습니다. 예를 들어 쿤달리니 각성, 죽음과 부활, 경계의 일시적인 붕괴, 우주적 통일의 느낌, 극적인 심리적 개방, 과거에 겪었던 삶의 경험이나 유사한 현상들과 애면글면하기 등입니다. 현대의 심리 치료는 이런 상태를 억압하기 위해 약물을 주입하고 정신병적인 증상이나 심리적 질병으로 간주합니다. 우리는 그들이야말로 전환의 위기에 있다고 믿습니다. 제대로 이해되고 치료를 받는다면 회복될 뿐만 아니라 탈바꿈해서 진화적인 변화의 과정으로 나아갈 것입니다.

다른 흥미로운 개척 영역은 알코올중독과 약물중독입니다. 아시다시피 우리는 이런 문제에서 야기된 심각한 질병을 경험하고 있습니다. 초개인적 영역에서 그들은 충족되지 않는 영성적인 갈망과, 초월을 추구하는 데 있어서의 오해와 잘못된 지침을 보여줍니다. 영성에 대한 강력한 욕구를 가졌지만 제대로 길을 찾지 못한 이들은 그 대리물로 중독에 빠져듭니다. 이런 중독에서 벗어나게 만드는 기회를 제공하는 프로그램들은 영성적인 관점을 포함한다는 것을 우리는 알고 있습니다.

'익명의 알코올중독자들Alcoholics Anonymous'을 창립한 빌 윌슨Bill Wilson과 카를 융 사이에는 연관성이 있었습니다. 빌 윌슨은 융을 12단계 프로그램의 아버지로 추앙했습니다. 그는 융이 치료한 환자 한 명의 추이를 지켜봤습니다. 환자의 병은 일시적으로 개선됐다가 재발했고 융은 계속 치료하는 것을 거부했습니다. 빌 윌슨은 환자에게 영성적인 공동체에 가입해서 영성적인 경험을 갖는 것이 유일한 방법이라고 권했습니다. 환자는 옥스퍼드 그룹에 참가했고 거기에서 전환적 경험을 했습니다. 그는 '익명의 알코올중독자들'을 시작하도록 빌 윌슨에게 영감을 주었습니다.

융은 그 환자의 알코올 의존은 너무 심각해서 초월성 또는 중세적인 용어로 말하자면 신에 대한 갈구나 마찬가지였다고 밝혔습니다. 그래서 술 대 영성, 다시 말해 영성적인 추구를 통해 알코올을 없애는 전투가 벌어졌던 것입니다. 알코올중독과 약물중독을 치료하기 위한 올바른 전략은 심리 영성적인 인간성의 전환으로 이어진다고 봐야 할 것입니다.

러셀: 우리는 왜 사람들이 처음부터 마약을 찾는지 물어야 합니다. 우리는 마약 사용을 쉽게 비난하지만 왜 사람들이 그것을 이용하는지 설명하지 않습니다. 약물 남용은 우리 사회에 있는 깊은 결핍의 증상입니다. 만일 누군가 약물을 내면적 안정을 위해 사용한다면 그것은 삶에서 만족을 얻지 못한다는 신호입니다. 깊은 의미, 내면의 평화, 충만함, 스트레스 탈피에 대한 허기가 있습니다. 그런 허기를 채우기 위한 수단을 우리 사회가 제공하지 않기 때문에 사람들은 자신의 욕구를 일시적으로 해소하기 위해 알코올, 헤로인 같은 것에 빠집니다.

그로프: 어떤 의미에서 알코올중독과 마약중독은 초월성에 대한 추구를 물질적인 대리물, 다른 종류에 대한 몰입으로 대체하려는 서양인들의 극단적인 형태이자 캐리커처입니다.

라슬로: 어떤 사람들에게는 알코올이, 어떤 사람들에게는 섹스가, 어떤 사람들에게는 자동차 레이싱이나 매력적인 생활양식이 그런 대체물일 것입니다. 현대사회에 주어진 다양한 가치와 자원들은 만족을 주지 못합니다. 사람들은 더 깊은 의미의 만족감을 찾아 헤맵니다.

최후의 심판일 시나리오, 그리고 그 너머

라슬로: 이미 많은 것들을 논의했습니다. 오늘날 우리 사회의 어두운 측면과 더 나은 삶에 대한 전망에 대해 이야기를 했습니다. 그런데 한편으로 서양과 서구적으로 바뀐 사회의 부유한 사람들은 너무나 풍족합니다. 이미 가질 만큼 가졌기에 더 가질 필요가 없습니다. 그들은 일용할 양식이 어디에서 오는지 걱정할 필요가 없습니다. 그들은 다양한 소비 상품을 갖추고 있습니다. 많은 사람들이 다른 것을 찾고 있습니다. 종종 알코올중독이나 마약중독에서 탈출구를 찾는 것입니다. 요즘은 가상현실로 도피하기도 합니다. 비의적인 공간으로 들어가기도 합니다. 구루guru나 영매 또는 불가사의한 영으로부터 정신적인 인도를 받고자 하는 것입니다. 다른 한편으로 물질적인 풍요를 확신할 수 없는 사람들은 더 많은 물질을 추구하고자 합니다. 그들이 전환적 경험을 하거나 의식의 높은 차원을 계발하는 것은 쉽지 않습니다.

이미 물질적으로 높은 수준에 있는 이들에게 다음 단계는 다른 경험을 해보는 것입니다. 가장 나쁜 경우는 알코올과 마약이고 현명하다면 의식의 전환을 도모하겠지요. 풍요로운 생활을 누리지 못하는 사람들에게 다음 단계는 물질적 행복을 끊임없이 추구하는 것입니다. 그러나 인류 대부분은 희망 없는 상황에 놓여 있습니다. 오늘날의 경제적, 기술적 환경에서 모든 사람이 산업사회 수준의 물질적 기준에 맞게 살기에는 자원이 부족합니다. 부유한 사람들이 의식을 진화시키는 것만으론 부족합니다. 나머지 사람들도 그렇게 해야 합니다. 가난한 사람들이 산업화된 세계에 사는 사람들의 물질적 생활양식을 그대로 따라한다면 우리 모두는 재난을 맞이할 것입니다.

러셀: 그들이 개발 국면을 벗어나도록 우리가 도와야만 합니다. 경

제개발이 지속되는 한, 물질주의와 배금주의는 필연적입니다. 산업혁명은 200년 전에 서구 사회에서 시작됐습니다. 지금 우리는 당시에 원했던 모든 것을 달성한 상태에 이르렀습니다. 더 이상 이 길로 갈 필요가 없습니다. 계속 가는 것은 자살행위입니다. 우리 임무는 가능한 한 빨리 개발도상국이 개발 국면을 벗어나도록 돕는 것입니다.

라슬로: 문제는 지구 상의 환경과 자원 문제를 고려하면 모든 사회가 발전의 전 단계를 벗어나기에는 시간이 충분하지 않다는 것이겠지요.

러셀: 동의합니다. 특히 그런 이유로 우리는 개발도상국이 더 빨리 발전하도록 도와야 합니다. 아마도 그들은 두 세기까지 갈 것도 없이 20년 내로 물질문명의 단계를 벗어날 수 있을 것입니다. 우리는 개발도상국이 빠른 속도로 농업국가에서 산업국가로, 그리고 정보산업 국가로 바뀌는 것을 봤습니다. 인도는 20년 동안에 산업혁명을 이룩했습니다. 중국은 농업국가에서 곧바로 정보산업 국가로 뛰어올랐습니다.

서양이 모든 것을 바닥부터 시작한 반면 개발도상국은 이미 발전된 기술과 실행을 사용하는 혜택을 누립니다. 그들은 증기기관이나 비행기 그리고 컴퓨터를 발명할 필요가 없습니다. 이미 우리가 가지고 있는 것을 쓰고 우리의 경험으로부터 배우면 그만입니다. 삶에는 물질적 풍요를 추구하는 것보다 더 나은 것이 있다는 것을 그들이 깨닫도록 돕는다면, 그들은 물질주의적 국면 너머로 빠르게 나아갈 수 있을 것입니다.

라슬로: 혹은 그런 국면을 단숨에 뛰어넘을 수도 있겠지요. 단계를 건너뛴다는 것은 위험한 일입니다. 특히 서양이 채택한 에너지 집약적

이고 소모적인 생활양식과 생산방식에서 본다면 말이지요. 이런 식으로 나아가면서 다음 단계를 위한 시설들까지 갖추려고 한다면 아마도 그들은 지구의 자원을 엄청나게 남용해서 환경을 더럽힐 것입니다.

그로프: 우리는 현재의 기술을 마음에 담아두고 미래를 추산하고 있습니다. 다른 에너지 원천, 특히 태양광으로 전환하는 일에 성공한다면 미래는 엄청나게 달라질 것입니다. 석유 대신에 수소를 사용해서 자동차를 몰고 비행기를 운항하는 일이 이미 가능해졌다고 알고 있습니다.

라슬로: 액체수소를 이용해서 차를 몰 수 있습니다. 최근에 직접 봤습니다. BMW에서 만든 차였지요. 뒤에 있는 탱크로 연결된 연료 공급선을 빼면 다른 차와 다를 것이 없었습니다. 배기가스는 안개처럼 배출되어서 물로 바뀌었습니다. 그러나 그 자동차를 개발 중인 사람들은 수소 차가 대중화되려면 50년은 기다려야 한다고 말했습니다. 오늘날 주유소처럼 도로변에서 액체수소를 충전할 수 있어야 가능한 일이지요. 그들은 이 새로운 기술을 전 세계적으로 사용하기도 전에 주어진 시간이 다할 수도 있다는 사실을 모르는 것처럼 보였습니다. 우리는 공기를 오염시키고, 수많은 위기를 유발하고, 재생 가능하고 깨끗한 에너지 기술로 때맞춰 전환할 수 있는 많은 기회를 놓칠 수 있습니다.

그로프: 석유 회사가 대안 에너지 개발을 막고 있다는 소문도 있습니다. 그 회사들이 가능성 높은 특허들을 미리 사서 보유하고 있다는 것이지요. 이런 기획들이 중요해지고 완전한 지원을 받을 때까지 얼마나 걸릴지 알 수 없습니다. 태양광 에너지를 사용하고 물을 수소와 산

소로 바꾸고 이런 연료들을 안전하게 저장하는 기술이 신속하게 개발되어야 할 것입니다.

라슬로: 우리는 많은 실천적 해결책들을 가지고 있습니다. 다른 것들도 연구하고 개발할 수 있을 것입니다. 그러나 아직은 그렇게 할 의지가 없는 것 같습니다.

그로프: 제가 하고 싶었던 말입니다. 낭비적이고 광적인 지구적 무기 경쟁이 사태를 더 악화시키고 있습니다. 이런 현실은 선형적인 전략과 연결되어서 재생 불가능한 자원을 사용해 오염물을 배출하고 있지요. 우리가 다른 가치 체계를 가지고 중요한 문제를 다르게 설정한다면 상황은 완전히 다를 것입니다. 예를 들어 재활용 중심으로 자연의 순리에 맞춰 전략을 짠다면 지구에서 상당수의 인구를 먹여 살릴 수 있을 것입니다. 식품을 만들어낼 수 있는 지구와 태양의 용적은 엄청납니다. 예를 들어 사르가소 해Sargasso Sea에서 해초를 수확해서 다양한 음식 재료를 만들 수 있습니다.

라슬로: 제가 걱정하는 것은 그런 일을 실행하기 위한 의식이 지배적인 패턴으로 충분히 퍼져나갈 현실적인 기회가 있는지 여부입니다. 발전을 위한 경제적, 정치적, 사회적 패턴 말입니다.

러셀: 우리가 사회를 혁신할 수 있는가, 이런 질문인가요?

라슬로: 우리의 사회가 스스로 혁신할 수 있는지….

러셀: 저는 그럴 수 있다고 확신할 수 없습니다. 우리는 서양 문명의

몰락을 목도하고 있습니다. 과거 어떤 문명도 영원히 지속되지 못했습니다. 왜 우리 문명만 다를 것이라고 생각해야 합니까? 우리 문명이 사라질 이유는 많습니다. 장기적으로 지속 가능하지 않습니다. 우리는 현실과 정면으로 마주해야 합니다.

행성적인 관점에서 본다면 우리 문명은 미쳐 돌아가는 착취적인 문명입니다. 우리가 생물 환경에 좋은 영향을 미친 경우는 하나도 없습니다. 지구 상에 있는 모든 종에게 투표권을 주고 서양 문명의 지속 여부를 투표에 부친다면, 아마도 바퀴벌레와 쥐를 제외한 거의 모든 종이 끝장내야 한다는 쪽에 표를 줄 것입니다. 99.9%가 지속시키지 말아야 한다는 쪽에 투표하겠지요. 서양 문명은 지구에 이롭지 않습니다. 반드시 사라져야 합니다.

라슬로: 죽음을 경험함으로써 서양 문명에 살고 있는 사람들은 지금 현재대로 생각하고 행동하고 느끼고 살아가는 방식을 멈추고 다른 것을 발전시킬 것이라고 당신은 말했습니다.

러셀: 그랬지요. 제 말의 뜻은 개인으로서 우리가 죽어야 한다는 것이 아니라 지금 현재의 존재 양식이 사라져야 한다는 것이었습니다. 새로운 문화가 등장할 필요가 있습니다.

라슬로: 서양 문명에서 나오는 것입니까? 아니면 다른 곳에서 나오는 것입니까?

러셀: 멸망에서 새로운 것들이 나오겠지요….

그로프: 마치 불사조처럼.

러셀: 그렇습니다. 우리가 재난을 피할 수 있다고 생각하지 않습니다. 너무 늦었습니다. 너무 멀리 왔어요. 혁신은 너무 오래 걸릴 것입니다. 우리는 자동차 충격 테스트에 사용하는 더미 인형 같습니다. 차는 지금 벽으로 돌진 중이지요. 느린 화면으로 차의 앞이 부서지기 시작하자 차에 있는 더미 인형이 "맙소사, 이제 부딪치려나 보다"라고 말하는 꼴입니다. 무엇인가 대처를 해야 되겠지요. 내릴 수도 있지요. 아니면 차를 다른 방향으로 돌릴 수도 있습니다.

그러나 그러기에는 너무 늦었습니다. 너무 늦었어요. 우리는 잘못된 생각으로 수년을 허비했습니다. 지금 모든 것을 변화시킬 수는 없습니다. 인류 역사에서 가장 끔찍한 시기를 벗어날 수 있는 방법을 질문해야 합니다. 쉽진 않을 것입니다. 매우 불편할 것입니다. 그러나 지금 이 문제를 회피할 방법은 없습니다.

그로프: 오래전에 모스크바에서 친구인 바실리 날리모프Vassily Nalimov와 생태학에 대해 긴 토론을 했습니다. 그는 시베리아에서 18년을 보낸 영민한 과학자입니다. 정말 흥미로운 시간이었습니다. 그의 주된 관심은 핵 문제가 아니었습니다. 미국과 러시아가 평화협정에 도달해서 핵무기를 폐기할 가능성에 관심이 있었습니다. 그는 핵 문제보다는 화학적 오염에 대해 걱정이 많았습니다. 우리 삶의 많은 부분은 화학 산업에 의존하고 있는데, 강과 바다, 토양과 공기를 오염시키는 독성 물질을 제거할 수 없다는 것이 그의 생각이었습니다. 너무 늦은 것은 아닌지 두려워했습니다.

라슬로: 전 생물계의 화학적 균형을 변화시키고 있다는 점에서 지구적 차원의 문제입니다.

그로프: 바실리는 다른 많은 문제 가운데 가장 큰 위험을 화학적 오염으로 봤습니다. 너무 거대해서 쉽게 뒤집을 수 없다는 것이지요.

라슬로: 이미 말했듯이 생명은 지속될 것입니다. 새로운 돌연변이와 새로운 종이 나타날 것입니다. 우리보다 짧은 재생산 주기를 가진 종이 먼저 돌연변이를 일으켜서 훨씬 더 빨리 적응하겠지요. 진화에서 우리는 느림보에 속합니다.

그로프: 예전에 '헬슈테트 연대기The Hälstedt Chronicles'라는 흥미로운 영화가 있었습니다. 영화가 전하는 메시지는 환경에 심각한 문제를 야기하면 짧은 재생산 주기를 가진 곤충들이 지구의 주인이 된다는 것입니다.

러셀: 또 다른 최후의 심판일 시나리오는 환경적 파국이 아니라 전염병입니다. 우리는 전염병에 무방비로 노출되어 있습니다. 우리는 병에 대한 저항력을 약화시켜왔습니다. 정크푸드, 약물, 항생제 남용, 화학적 오염 그리고 다른 원인들이 우리의 면역 체계를 허물었습니다. 동시에 박테리아들은 우리가 만든 새로운 항생제에 대한 내성을 강화했습니다. 어떤 박테리아는 알려진 거의 모든 항생제에 내성을 갖췄습니다. 우리의 무기가 바닥날 때 이 박테리아의 공격을 멈출 방법은 없습니다.

더구나 우리는 사회 전체로 질병이 쉽게 퍼져나가도록 만듭니다. 상파울루에서 퍼진 전염병은 하룻밤 사이에 비행기를 타고 뉴욕으로 올 것이고 며칠 만에 전 세계의 주요 도시들로 퍼져나갈 것입니다. 치료법이 알려지지 않은 새로운 질병은 순식간에 인류를 휩쓸 것입니다. 모든 인류를 사라지게 만들진 않겠지요. 그러나 많은 사람들이 죽을 것입니다. 행성적 관점에서 본다면 그리 나쁜 일이 아닐 수도 있지만 말입니다. 새로운 전염병은 통제 불가능한 종을 자연이 통제하는 방식이기도 합니다.

라슬로: 그것이 바로 자연의 해결책이지요. 전염병이나 암 같은 존재가 된 종은 재생산이 벽에 부딪칠 것이고 마치 나그네쥐처럼 집단 자살에 이르게 될 것입니다. 그러나 인류는 꽤 많은 단기 대처 방안들을 가지고 있습니다. 이런 까닭에 자연의 법칙이 통하지 않는 것입니다. 근시이면 안경을 쓰고 빨리 돌아다닐 수 없다면 자동차나 기차 또는 비행기를 이용합니다. 장기적으로 본다면 우리도 생태적인 파국에 직면할 수밖에 없습니다. 단기적으로 대책을 바꾸고 문제를 해결할 수 있더라도 말이지요.

그로프: 낙관적일 이유가 별로 없습니다. 그러나 일이란 전혀 뜻밖으로 진행될 수도 있습니다. 지금 현재의 경향에서 외삽하는 방식으로 가장 나쁜 시나리오에 대해 이야기해왔습니다. 다시 한 번 저는 여기에서 베를린 장벽과 소련에 무슨 일이 일어났는지 환기해드리고 싶습니다. 긍정적인 일이 일어났습니다. 뜻밖의 일이었고 예견하지 못했던 일입니다. 이런 장면 뒤에서 작동하는 몇몇 요소와 힘이 다른 방향으로 일이 흘러가게 만들었습니다. 예를 들어 우리는 기름을 먹어치우는 박테리아를 알고 있습니다. 예견할 수 없는 공상과학소설 같은 해결책을 만들어낼 수 있을 것입니다. 플라스틱을 먹는 박테리아나 오염을 제거하는 식물 같은 것 또는 포용력과 시너지를 보장하는 유전적 돌연변이 같은 것이 나타날 수도 있습니다.

라슬로: 글쎄요, 이미 이야기했듯이 인류가 발전해온 길이 순전히 맹

목적이었다면 우리에게 주어질 기회는 대단히 빈곤할 것입니다. 생물학자들이 잘 알고 있듯이 돌연변이에서는 이기는 카드 패만 의미 있습니다. 어떤 종이 성공적으로 변이하는 것은 우연한 계기나 생물학적 종의 진화를 놓치기 때문만은 아닙니다. 이런 요소는 아마도 생물학적인 진화보다도 문화적인 경우에 더 잘 작동할 것 같군요. 그 결과는 의식혁명에서 이미 찾아볼 수 있습니다. 세계의 많은 지역에서 일어나고 있는 가치 이동도 마찬가지입니다. 그러나 자체적으로 이런 과정들은 충분히 신속하지 않습니다. 때문에 우리는 의식의 진화가 속도를 낼 수 있도록 전환적 경험의 힘을 발휘해야 하는 것입니다. 우리의 가치, 윤리, 행동을 진화시킴으로써 그런 힘을 모을 수 있습니다.

그로프: 제가 흥미롭게 발견한 하나의 관찰에 대해 언급하고 싶습니다. 이 문제와 관련이 깊은 것 같습니다. 의식의 비범한 상태를 느낀 사람들은 심리 영성적인 죽음과 부활의 과정을 수행하면서 특징적인 주제와 관련된 특별한 단계를 통과합니다. 이런 경험은 종종 극단적인 폭력, 일탈이나 도착적인 형식으로 굴레를 벗어난 성적 과잉, 악마적 연속 사건, 메시아적 에피소드를 보여줍니다. 내면적 전환의 과정에서 이런 요소들은 일시적이고, 결국 강력한 영성적 개방과 전환을 초래합니다. 개인적인 경험 작용에서 가장 큰 위험은 과정의 외면화입니다. 이는 파괴적이거나 자기 파괴적인 방식으로 연출됩니다. 극단적인 경우는 자아-죽음과 부활을 경험하는 자아 살해 대신에 실제로 자살을 시도하는 것입니다.

사람들이 경험하는 이런 에피소드들은 실제로 세상에서 일어나는 일과 유사합니다. 범죄, 폭력, 테러리즘, 긍정적이고 일탈적인 형태의 성 해방, 악마 의식에 대한 호기심, 우후죽순으로 자라나는 메시아적 숭배 같은 것들 말입니다. 이것은 인류 전체가 전환의 과정에 있을 수 있다는 사실을 보여줍니다. 불행하게도 그중 많은 것이 외면화됩니다. 파괴적이거나 자기 파괴적인 형태로 바깥에 드러나지 않고 내면화가 된다면 의식의 고양을 이룰 수 있을 것입니다.

라슬로: 희망적인 가능성입니다. 그런데 이런 일이 일어나도록 어떻게 독려할 수 있을까요?

러셀: 중요하다고 생각하는 두 가지를 말해보겠습니다. 먼저 우리 자신을 평화롭게 만들 수 있는 기교와 기술을 확산시킬 필요가 있습니다. 우리 자신이 전쟁 상태라면 세계에 평화를 만들어내기란 불가능할 것입니다. 만일 공포와 적대감이 우리 안에 있다면 세계에서 편안하게 살 수는 없을 것입니다. 립서비스로 평화를 이야기할 수 있겠지만 현실이 될 수는 없습니다. 내면적 평화를 발견하는 것은 모든 영성적인 전통에 공통적인 실마리입니다. 세계가 더 빨리 움직이고 더 많은 결정을 내리도록 만드는 상황에서 그것은 점점 더 중요해질 것입니다. 상처 입고 분노하고 지쳐 떨어진다면 제대로 된 결정을 내릴 수 없을 것입니다. 건강하지 않은 것도 마찬가지입니다.

그래서 중요한 것은 사람들로 하여금 자기 자신과 평화적 관계를 맺게 하는 일입니다. 밑바닥부터 이런 일을 해야 한다는 뜻이 아닙니다. 세계의 영성적 전통들은 이미 많은 기교들을 보유하고 있습니다. 우리가 해야 할 일은 지금 현재에 어떤 기교가 적절하고 효과적인지 연구하고 접근 가능하게 만드는 것입니다.

두 번째 중요한 것은 인간관계입니다. 좋은 관계의 본질은 명쾌하고 배려심 넘치는 의사소통입니다. 그러나 이런 소통 방법을 학교나 대학에서 가르쳐주진 않습니다. 시도와 실수를 통해 배우지만 종종 너무 늦게 깨닫는 경우가 많습니다. 두 사람의 관계에서 일어나는 것은 사랑받고 있다는 것을 느끼고 평화로워지는 것입니다. 그러나 그들 중 누구도 원하는 것을 가질 수 없을 때 악순환이 이뤄집니다. 누군가 상처받거나 내쳐진다면 일반적인 대응은 공격성이 가미된 자기방어입니다. 목소리 톤이나 몸짓 또는 단어의 선택이 미세하게 바뀔 것입니다. 아니면 명백하게 그런 변화가 드러날지도 모르지요. 그러나 숨겨진 의도는 다른 사람을 기분 나쁘게 만들고 상처를 주거나 내치는 것입니다. 이런 움직임을 잘 알고 의식적으로 게임에 들어가는 것을 방지하지 않는 한, 상대방은 동일한 방법으로 공격받은 느낌을 더 강화해서 돌려줄 것입니다. 이런 식으로 악순환이 만들어집니다. 표면적으로는 상냥하고 해맑지만 그 아래에는 상호 공격이 있는 것이지요. 사람은 사랑받고 평화롭기를 원합니다. 그러나 또한 다른 사람에게 죄의식을 주고 나쁜 느낌을 주기도 합니다.

우리가 사람들에게 가르쳐야 할 중요한 것은 이런 악순환을 촉발하지 않고 의사소통을 하는 방법입니다. 만일 악순환이 만들어졌을 때 어떻게 깨뜨릴지도 가르쳐야 할 것입니다. 모든 괜찮은 의사소통은 상대방에게 사랑받고 평화로운 느낌을 줄 수 있는 방법에 대한 질문을 중심에 놓습니다. 이 원칙을 저의 인간관계에 적용했을 때 결과는 마법 같았습니다.

그로프: 인간관계에서 발생하는 악순환과 교착 상태를 피하기 위한 의사소통 방법은 가족 치료사들을 통해 개발됐습니다. 심판이나 야단을 치기보다 자신의 감정을 지속적으로 표현하는 방식으로 코멘트를 하는 것입니다. 상대방에게 내면에서 일어나는 과정을 알리고, 비난하지 않으면서 다양한 상황에 대한 반응을 표현하는 것이지요.

러셀: 그렇습니다. 중요한 부분입니다. 그런데 그 과정을 돕는 다양

한 방식이 있습니다. 본질적으로 부처가 '정확한 말'이라고 부른 것이지요. 어떻게 남에게 해악이나 고통을 주지 않는 방식으로 말할 수 있을까요?

그로프: 캘리포니아 빅서Big Sur의 에솔렌Esalen 센터에서 지낼 때 크리스티나와 저는 흥미로운 실험을 했습니다. 우리는 경험 위주의 실험적인 교육 프로그램을 꾸렸지요. 한 달 동안 계속하는 프로그램이었고 1년에 두 번 진행했습니다. 관심 있는 주제들을 정했습니다. 의식의 지도, 불교와 심리학, 통합 의학과 힐링, 중독과 신비주의적 탐구 등이었습니다. 선택된 주제에 맞춰 탁월한 교사들을 초청했습니다. 우리는 전체지향호흡요법, 게슈탈트 훈련, 융의 모래 놀이 치료, 집단 체험, 마사지, 요가, 제의, 명상, 춤, 야생 탐방, 영화와 비디오 감상 같은 프로그램을 제공했습니다.

초청받은 객원 교원들은 새로운 패러다임 사유의 개척자인 프리초프 카프라Fritjof Capra, 루퍼트 셸드레이크, 칼 프리브램Karl Pribram, 조지프 캠벨부터 멕시코와 미국의 샤먼들, 심령술사, 강신술사, 기독교 수도사, 수피교도, 요가 강사, 티베트 승려, 선종 승려, 위파사나Vipassana 승려까지 아주 다양했습니다. 이런 무작위적인 지식과 경험의 조합 자체가 전환적인 것이었습니다.

특별한 하나의 양태에 집중하는 전문적인 워크숍을 열었다면, 게임의 규칙을 재빨리 배워서 심리적 방어벽을 치고 내면을 지키고자 했을 것입니다. 하지만 새롭고 놀라운 정보와 경험적 전략에 의거해 다른 각도와 수준에서 가해지는 외부 자극은 촉매 효과를 발휘했습니다. 수년 동안 우리는 이 워크숍에 참가한 사람들로부터 수많은 편지를 받았습니다. 에솔렌에서 보낸 한 달이 인생의 전환점이었다고 고백하는 내용이었습니다. 저는 더 큰 범위에서 비슷한 모델을 전환의 수단으로 사용한다면 매우 유용할 것이라고 믿습니다.

라슬로: 의식혁명이라는 중심 주제로 다시 돌아가고 있네요. 최후의 심판일 시나리오를 초월할 수 있는 방법은 의식을 진화시키고 타인과 자연에 대한 관계를 변화시키는 전환적 경험을 하는 것입니다. 이런 가능성은 많은 유산과 차원을 가지고 있습니다. 오후에 이에 대해 후속 논의를 이어가겠습니다.

둘째 날 오후

세계와 개인

태어남과 계발: 새로운 세계로 성장하기

라슬로: 20세기 초반에 웰스H. G. Wells는 말했습니다. 미래는 교육과 재난 중 무엇이 승리하는지에 달려 있다고 말이지요. 오늘날에도 비슷합니다. 새로운 의식과 재난 중 무엇이 이기느냐, 이것이 중요해졌지요. 여전히 교육이 문제인 것입니다. 어떻게 자녀들을 낳고 제대로 양육해서 우리가 살고 있는 세계에 적응을 시킬까요? 어떻게 집단적인 진화의 단계에 우리가 진입했다는 것을 교육기관은 가르칠 수 있을까요? 이 진화를 감당할 잠재력이 우리에게 있을까요? 세계 대부분 지역에서 교육기관은 보수적입니다. 정태적인 태도가 몸에 배어 있습니다.

그로프: 전환의 기술을 소개하고 패러다임을 변화시키려는 노력 이외에도 자녀 양육과 교육의 영역에서 할 수 있는 일은 참으로 많습니다. 지난 수십 년간 이뤄진 임상학적 의식 연구는 인간의 사고, 감정생활 그리고 행동들은 생애 초기를 통해 주어진 것이라는 사실을 보여줍니다. 프로이트 정신분석학이 주장하듯이 유아기나 어린 시절에 형

성됐을 뿐만 아니라 생물학적인 태어남과 태아기를 통해서도 만들어졌다는 것이지요. 인간성은 임신기의 위생과 산후 관리에서도 심대한 영향을 받습니다.

탄생의 환경이 미래의 폭력성과 자기 파괴적 경향 또는 반대로 사랑스러운 행동과 건강한 인간관계를 형성하는 것에 중요한 역할을 한다고 믿을 이유는 많습니다. 프랑스의 산과 전문의 미셸 오당Michel Odent은 출산 전후에 각인된 경험이 무엇을 좋아하고 싫어하는지와 관련된 감정적인 생활 방식을 결정한다는 책을 썼습니다. 그는 이런 양상을 우리 종의 역사로부터 어떻게 이해할 수 있는지 보여줬습니다.

생물학적인 분만의 과정은 두 양상을 가집니다. 이 둘은 살아남기 위해 중요하고, 특정한 호르몬의 중재를 받습니다. 분만 과정에서 산모가 받는 스트레스는 아드레날린adrenaline과 관계가 있습니다. 아드레날린과 비아드레날린 메커니즘은 우리 종의 진화에서 중요한 기능을 합니다. 자연환경에서 분만이 일어날 때 산모의 공격과 방어 본능을 구성합니다. 분만을 할 여성이 포식자를 만났을 때 맞서 싸울지 도주할지 결정하게 만드는 필수적인 요소입니다. 이런 메커니즘은 분만을 하는 여성이 더 이상 외부의 공포를 느끼지 않게 된 이래로 불필요해졌습니다. 이제는 낡은 진화의 산물이 된 셈이지요.

태어남과 관련한 다른 임무는 산모와 신생아 사이의 유대감의 창조입니다. 이 역시 진화적인 관점에서 중요합니다. 이 과정은 옥시토신oxytocin이라고 불리는 호르몬과 관계있습니다. 이 호르몬은 산모의 행동을 결정하고 의존과 친밀감을 형성하게 만듭니다. 프로락틴prolactin이라는 호르몬은 아기를 돌보게 하는 역할을 하는데, 비슷한 결과를 초래합니다. 분주하고 시끄럽고 혼란스러운 많은 병원들은 위험, 죽음, 위급 상황과 관련이 있고 불필요한 아드레날린 분비를 촉진시키는 불안을 만들어냅니다. 원시시대의 정글 같은 조건이 만들어지고 그 상황은 매사에 공격적으로 반응하게 만듭니다. 잠재적으로 위험하고 유대감을 파괴하는 세계의 상을 전달하고 각인시킵니다.

반대로 분만 중에 경험하는 조용하고 안전하고 사적인 환경은 서로 관계를 맺고 있는 정서적 패턴을 만들어 안정적 분위기를 조성합니다. 믿음직하고 사랑스러운 행위, 협동과 시너지의 성향이 만들어집니다. 분만 행위의 급진적인 개선은 감정적이고 신체적인 인간의 행동을 달라지게 할 수 있습니다. 이 행성의 기본 조건을 파괴하고 있는 행동의 광기를 멈추게 할 수 있는 방법이기도 합니다.

러셀: 그로프는 초기 어린 시절의 영향이 얼마나 중요한지 말했습니다. 그것이야말로 인간성의 변화를 유도할 수 있는 다른 영역이기도 합니다. 인격 형성에 지대한 영향을 미치는 것이 어린 시절이라는 생각은 이미 한 세기 동안 이어졌습니다. 심리 치료는 이런 지식을 빼놓고 존재할 수 없습니다. 그러나 태어남의 과정이 만들어낸 충격에서 벗어나도록 사람들을 돕고 뜻하지 않은 영향에서 풀려나게 하더라도, 여전히 자녀를 양육하는 과정에서 심리학적으로 건강한 어른이 되도록 변화시켜야 할 것은 아주 많습니다.

자연분만의 경우처럼 이미 이런 방향으로 운동이 일어나고 있지요. 제 친구들은 1960년대 후반과 1970년대 초반에 자녀들을 낳았는데 새로운 관점으로 아이들을 키웠습니다. 자녀들이 실수를 하면 체벌을 하지 않고 오히려 더 많은 정서적 친근감을 느낄 수 있는 환경을 제공하고 상호 이해를 도모했습니다. 자녀를 바보로 취급하지 않고 어린 인간존재로 대했습니다. 그들의 자녀들이 이제는 정신적으로 건강하고 균형 감각 있는 어른으로 자라나서 가족들을 이루고 비슷한 방식으로 자녀를 양육하고 있습니다. 어떤 경우는 부모들보다 더 낫지요. 이들은 제가 지금까지 만나본 이들 중에서 가장 놀랍고 명쾌하고 친절하고 자상하고 사리 분별력 있는 젊은이들이었습니다.

여기에서 깨뜨려야 하는 악순환이 있습니다. 제대로 작동하지 않는 가족 관계를 겪은 자녀들은 작동하지 않는 가족 모델을 배우고 제대로 부모 노릇을 하지 못하는 경향이 있습니다. 자녀를 어떻게 양육할지 가르치는 일은 이런 악순환을 깨뜨릴 수 있는 방법입니다. 이렇게 하면 장기적으로 사회에도 영향을 미칠 수 있을 것입니다. 때때로 저는 이것이야말로 우리가 사회를 위해 할 수 있는 가장 중요한 일이라고 생각합니다.

그로프: 그러나 교육이란 것은 문제의 일부입니다. 무엇을 해야 하는지 아는 것에 그쳐서는 안 됩니다. 우리는 그것을 할 수 있어야 합니다. 부모가 진정으로 정서를 전환시켜야 합니다.

라슬로: 공식적인 학교교육이야말로 악순환의 온상입니다. 교사들은 자신들이 학생이었을 때 배운 것을 가르칩니다. 그들에게는 편하지요. 새로운 지식을 기존의 교육에 도입하기는 어렵습니다. 새로운 지식을 만들어낸 사람들 자신은 그런 지식을 만들어내긴 했지만 정작 교사가 되어 가르치진 않고 있습니다. 혁신적인 생각을 가진 사람들은 자신의 생각을 알리거나 공유하지 않고 있습니다. 교육제도는 지금보다 더 유연해져야 합니다. 새롭고 중요한 생각을 향해 열려 있어야 합니다.

그로프: 그렇습니다. 우리 교육제도는 방향이 잘못됐고 이미 철 지난 세계관을 가르치고 있습니다. 이것이 지금 세계를 영속화하고 강화합니다. 역사를 예로 들어보지요. 영성적이고 초개인적인 가치를 위한 이해는 없습니다. 칭기즈칸, 나폴레옹, 히틀러, 스탈린 등을 중요한 인

물이라고 역사는 가르칩니다. 누구도 부처에 대해 알지 못합니다. 갈등과 투쟁 그리고 경쟁에 대한 엄청난 강조만이 있습니다. 누가 이기고 누가 졌는지에 대한 것입니다. 일반적으로 부정적인 인물이 많은 관심을 끌고 있습니다.

러셀: 세계에 대해 우리가 이야기한 많은 것들은 지금 교육체계에 담아낼 수 없습니다. 예를 들어 신비주의적 경험은 종종 비현실적으로 들리지요. 의식의 비범한 상태에 대해 가르치면 적대감을 유발할 것입니다.

그로프: 특히 초개인적이고 순전히 영성적인 것을 가르친다는 것은 많은 문제를 초래하지요. 물질주의적 과학자뿐만 아니라 기성종교에서도 반발이 일어납니다.

라슬로: 하지만 이런 대화를 하고 출판을 할 수 있다는 것은 이 주제에 대해 관심이 있다는 얘기입니다. 10여 년 전이라면 꿈도 꾸지 못했을 것입니다.

그로프: 저는 낙관적입니다. 조심스러운 낙관이긴 합니다만. 명백하게 눈에 보이는 장면 뒤에서 작동하고 있는 강력한 힘이 있다는 것을 감안한다면 충분히 희망적이라고 봅니다.

라슬로: 희망의 근거는 충분합니다. 그런 힘이 있다면 점점 더 확연히 드러나리라고 봅니다. 그러나 직접적이면서 긴급한 질문은 어떻게 우리가 교육체계뿐만 아니라 언론에 우리 생각을 전달할 수 있을지에 대한 것입니다. 언론은 선정적인 소재에만 매달리는 것처럼 보

이고 그런 것들이 잘 팔립니다. '진실'을 전달하는 뉴스는 폭력적이거나 파국적입니다. 몇몇 명망가들의 말이나 행위를 보도하는 것이 고작입니다. 세계를 움직이고 구성하는 과정은 대중에게 인식되지 않습니다. 그런 것들은 뉴스로서 가치가 없다고 생각합니다.

물론 긍정적인 측면만을 보기를 원한다면, 텔레비전에서 환경문제나 천연자원 문제, 인구문제나 개발 문제에 관련한 뉴스를 피하면 그만입니다. 깨어남이 점점 더 증가하고 있습니다만 현실적으로 효과적인 변화를 촉발할 수 있는 긴급한 운동을 낳기에는 너무 느립니다.

그로프: 우리 문화에서 미디어는 정보를 확산하고 공적인 의견을 만드는 엄청난 힘을 가지고 있습니다. 이와 관련해 우리는 결정적인 전환의 지점으로 나아가고 있는 것 같습니다. '뉴에이지New Age'로 보이는 모든 것을 무차별적으로 불신하고 조롱하던 경향이 과거에 있었습니다. 이런 경향은 기존의 것에 도전하는 모든 것들에 대한 반감을 드러냈습니다. 데이비드 봄이 주창한 홀로그램 우주론에서 누드 마라톤, 수정점水晶占, 피라미드 파워에 이르기까지 이 모든 것을 믿지 않았습니다. 그런데 최근에 많은 변화를 확인할 수 있습니다. 초개인적인 문제를 다룬 책들이 더 많이 출간되고 베스트셀러 목록에 오르고 있습니다. 초개인적인 주제를 다룬 블록버스터 영화들도 더 많이 인기를 끌고 있습니다. 출판사들은 이런 주제가 대중에게 중요하고 돈벌이가 된다는 것을 알고 있습니다. 미디어 업계는 조지프 캠벨과 빌 모이어Bill Moyer의 대화 같은 프로그램의 시청률이 높은 것에 깜짝 놀랐습니다. 시청률은 대중의 관심과 반응을 뜻합니다. 미디어가 사람들의 이러한 관심사를 반영한다면 많은 것들이 빨리 바뀔 것입니다.

라슬로: 그런데 이런 과정을 더 빨리 그리고 때맞춰 이뤄지게 할 수

도 있을까요?

그로프: 엄청난 변화가 이미 일어나고 있습니다. 예를 들어 환경에 대한 관심과 유기농 작물에 대한 관심이 그런 변화들입니다. 과거에는 히피 문화라고 비웃음을 받았던 것이 지금은 주류 문화가 됐습니다. 누군가 책상에 앉아서 구상해낸 뛰어난 전략이 여론을 조작하고 미디어에 영향을 끼쳐 나타난 결과가 아닙니다. 당신들과 저 같은 많은 이들이 다양한 메커니즘을 통해 방아쇠를 당긴 것입니다. 이런 사람들은 자신의 느낌을 따라서 최선을 다했습니다. 각자는 사막의 모래이겠지만 함께하면 달라집니다.

러셀: 수백만 명의 사람들이 스스로 옳다고 느끼는 것을 하고 있습니다. 오직 하나의 옳은 일은 없습니다. 그로프는 자신의 일을 합니다. 당신이 옳다고 느끼는 일을 하는 것이지요. 할 수 있는 한 최선을 다해서 하는 것입니다. 라슬로도 그렇고 저도 그렇습니다. 우리는 최선을 다해서 헌신합니다. 우리는 또한 최선을 다해 헌신하고 있는 수십만 명의 지지를 받고 있습니다. 그들도 옳다고 느끼는 것을 실행하고 있습니다.

문제는 어떻게 지금 하고 있는 일들을 더욱 효과적으로 할 수 있는지에 대한 것입니다. 어떻게 더 큰 충격을 가할 수 있을까요? 제 분야에서 더 효과적으로 일할수록 더 많은 변화가 다른 이들에게도 일어날 것입니다. 다른 이들이 더 효과적으로 자신들의 일을 하면 할수록 그 결과는 저에게도 더 많이 영향을 미치게 될 것입니다.

작가가 되어서 가장 보람된 일은 책에 쓴 내용에 깊은 영향을 받았다는 말을 독자들로부터 듣는 것입니다. 마치 삶의 퍼즐이 맞춰지는 기분이지요. 같은 일이 그로프에게도 일어난다고 봅니다. 호흡법 워크숍에서 만난 분들이 피드백을 줄 때 아마도 그럴 것입니다. 우리 모두는 삶을 더욱 의미 있게 만드는 조각들을 맞추고 있습니다. 더 행복하고 더 건강하고 더 보살피는 삶을 만드는 일입니다. 작은 조각들이 다 의미를 가집니다. 때때로 새로운 조각 하나가 다른 조각들을 일시에 맞춰주는 역할을 하기도 합니다. 난제를 해결하고 영성적인 각성을 불러일으키는 것이지요.

타인을 변화시켜야겠다고 생각한다면 그것은 핵심을 놓치는 것입니다. 그런 식으로 생각하는 것은 우리 스스로를 특별하다고 여기게 합니다. 그리고 상황을 지배하고 통제하는 위치에 우리를 놓습니다. 우리 모두는 거대한 파도의 일부분입니다. 우리가 던져야 하는 가장 중요한 질문은 이것입니다. 어떻게 하면 내 자신의 삶을 저 커다란 파도와 조화롭게 연결시킬 수 있는가? 미약한 존재인 내 자신이 그와 같은 거대한 전환에 조금이라도 기여할 수 있는 방법은 무엇인가?

라슬로: 러셀의 말에 따르면 작은 것일지라도 제대로 하면 일이 되게 할 수 있다는 것이네요.

그로프: 동의합니다. 그러나 저는 상황을 관찰하고 외부적인 개입에 치중하는 것만으론 충분하지 않다는 의견을 보태고 싶습니다. 내면적인 작업과 결합이 되어야 합니다. 카를 융은 무엇을 하든 우리의 체계적인 자아 탐구와 무의식적 심리의 탐색으로 보충되어야 한다고 말했습니다. 그는 우리 자신의 더 높은 양상인 대자아와 연결되고 싶어 하는 욕구에 대해 말했습니다. 그러기 위해 필요한 것이 집단 무의식과 영성적 자원들입니다. 이 과정에서 우리에게 주어지는 정보와 권한은 세계에서 우리 삶을 꾸려가기 위한 올바른 전략을 발견하게 해줍니다.

라슬로: 어제 이야기를 나눴듯이 우리는 '내면적' 정동에서 '외면적'인 것을 하고 있습니다. 또한 이야기했듯이 내면과 외면의 상호 연관을 더 잘 이해한다면, 아마도 내면에 더 큰 책임을 느낄 것이고 외면에서 성공할 수 있는 더 좋은 기회도 가지게 될 것입니다.

러셀: 당신들처럼 저는 기적이 일어날 것이라고 믿습니다. 그러나 우리가 그 기적을 만들 수는 없지요. 우리는 어떻게 그 기적이 일어날 수 있을지 배울 뿐입니다. 정확한 내면 상태의 계발을 통해 이렇게 할 수 있습니다. 의식의 상태 말입니다.

앞서 동시성을 이야기할 때 저는 어떻게 저의 내면 상태와 동시성의 현현이 긴밀하게 연결되어 있는지 언급했습니다. 저는 동시성이 일어나게 할 수는 없습니다. 본질적으로 우연하고 저의 통제와 영향을 벗어나 있습니다. 그러나 제가 할 수 있는 것은 제 자신을 이런 일들이 일어나는 의식의 상태에 놓는 것입니다.

집단적 수준에서도 마찬가지입니다. 우리의 집단의식이 성공할수록 기대하지 않았던 기적을 가능하게 만들 것입니다. 우리는 기적들이 무엇이고, 어떻게 언제 일어날 것인지 모릅니다. 그러나 우리 내면의 행복에 관심을 가짐으로써 일어날 수 있는 기회를 증폭시킬 수 있을지도 모릅니다.

라슬로: 당신의 말은 젊은 시절 음악에 대한 저의 경험을 환기시키는군요. 연주를 할 때, 꼭 청중 앞이 아니라 혼자 연주를 할 때도 아무리 모든 것이 제대로 되고 의식적으로 모든 것을 관장하더라도 전체 연주가 즉흥적으로 어떤 패턴에 빠져드는 것을 느끼는 경우가 있습니다. 그렇게 바뀌는 것을 막을 재간은 없습니다. 놀라운 느낌이지요. 의지가 아니라 준비를 통해 그 느낌을 맞이할 수 있습니다. 목적의식을 가

지고 준비한다면 일어나지 않습니다. 그러나 일어난다면 '힘force과 함께하는' 것처럼 느껴집니다. 이런 힘을 느껴야 합니다. 사람들에게 이런 것을 가르칠 수 있을까요?

러셀: 그럴 수 있겠지요. 제 경험에서 봤을 때 그 힘과 보조를 맞추지 못하게 만드는 것이 무엇인지 압니다. 무엇이라고 부르든 그 힘에 저항하는 것, 제 자신의 완고함 그리고 무엇보다도 공포가 있습니다. 공포는 생물학적인 위협에 대응하는 가장 쓸모 있는 과정입니다. 그러나 현대 서양에서 대부분의 신체적 위협은 제거됐습니다. 우리는 야생동물의 위협을 거의 받지 않습니다. 우리는 생명의 위협을 느껴 도망갈 필요가 없습니다. 우리가 경험하는 공포는 진화의 초기에 각인된 심리적 공포입니다. 타인이 우리에 대해 생각하는 것을 두려워하고, 불안을 느끼고, 통제받고 싶지 않은 느낌입니다. 떠돌면서 충만한 삶을 살지 못하는 것은 바로 이 공포 때문입니다. 깊은 곳에서 우리의 심리적 행복은 위협받고 있습니다.

스스로 할 수 있는 일 중에서 가장 중요한 것은 이런 공포를 밝혀내고, 무엇인지 이해하고, 이런 공포 없이 살아갈 수 있는 방법을 아는 것입니다. 나의 공포가 근거 없다는 사실을 알면 알수록 그 공포는 관계나 의사소통, 그리고 타인에 대한 나의 반응을 덜 방해합니다. 공포를 떨쳐낼수록 '흐르는' 삶을 살 수 있습니다.

그로프: 그런 개방성을 가로막는 가장 심각한 장애물은 감정적이고 신체적인 폐쇄로 이끄는 트라우마적 경험의 내력입니다. 이런 폐쇄는 빌헬름 라이히Wilhelm Reich의 개념에서 지적됐듯이 세계와 우리를 분리시키는 무기이지요. 무기를 해체할 수 있는 방법은 트라우마적 각인으로부터 자신을 해방시켜서 타인이나 자연 그리고 우주로 더욱 열려

있는 것입니다.

라슬로: 초개인적인 경험을 수행하는 사람들이 공동체에서 더 나은 일원이 될 수 있을까요?

그로프: 한 번의 경험으로 그렇게 되긴 어려울 것입니다. 물론 그런 일이 있긴 합니다만. 저는 때때로 한 번의 강력한 환각이나 전체지향 호흡요법의 경험만으로도 완전히 삶이 달라지는 경우를 보곤 합니다. 그러나 규칙은 없습니다. 긍정적인 전환의 가능성은 지속적이고 체계적인 추구를 통해서 증진될 수 있습니다.

라슬로: 일련의 초개인적 경험을 하기 위해 필요한 시간은 몇 주인가요, 몇 달인가요, 아니면 몇 년인가요?

그로프: 저는 임상학적 작업을 하다가 초개인적 영역을 발견했습니다. 반복적으로 관찰한 것은 사람들이 이 과정을 치료로 시작한다는 것입니다. 감정적이고 심리적인 불안감을 해소하려고 하기 때문이지요. 그러나 일련의 세션이 진행된 다음 갑자기 신성한 심리적 차원을 발견하게 됩니다. 치료의 단계를 넘어서 의미를 향한 철학적이고 영성적인 추구로 나아가게 되는 것입니다. 이런 진행은 자기 자신들뿐만 아니라 타인, 자연 그리고 삶 자체에 대한 새로운 정향을 유도하게 됩니다.

현실에 대한 새로운 지도?

라슬로: 의식은 변하고 새로운 통찰이 등장하고 있습니다. 이 모든

것은 두 분에게 제기할 질문을 야기합니다. 흥미롭고 중요한 질문입니다. 세계에 대해 우리가 가지고 있는 개념에 대한 것입니다. 여태까지 마음과 몸, 내면과 외면, 인간과 세계는 균열과 틈으로 서로 분리되어 파편화되어 있는데요….

그로프: 당신이 말하고 있는 것은 분열된 우리의 세계관을 함께 통합해낼 포괄적인 패러다임이 필요하다는 것이군요.

라슬로: 우리는 이미 과학에서 일어난 패러다임 이동을 이야기했습니다. 이제 더 나아가봅시다. 어떤 종류의 패러다임이 등장하기를 기대할 수 있을까요? 어떤 종류의 패러다임이 필요할까요? 명백하게 새로운 패러다임은 현재의 파편화된 현실에 대한 지도를 통합해야 할 것입니다. 자연과학, 특히 새로운 물리학에서 제시하는 지식을 포용해야 합니다. 인문과학과 사회과학으로 끌어들여야 합니다. 이런 패러다임 이동의 중요성이 증명될 수 있어야 합니다. 우리는 불안정한 시대에 살고 있고 이 시대는 모든 '동요'에 민감합니다. 모든 생각, 세계관, 가치에 이 시대는 반응합니다. 그것이 사소하고 덜 중요하더라도 상관없습니다. 이런 환경에서 또 다른 히틀러나 메시아가 등장할지도 모릅니다. 우리는 생각의 위력을 인식해야 합니다. 우리 시대의 욕구에 걸맞은 생각을 장려하는 권력의 의미를 알아야 합니다. 이 말은 인류와 세계에 긍정적인 영향을 미칠 수 있는 패러다임을 북돋워야 한다는 뜻입니다.

그로프: 하나의 문제는 기초적인 요소입니다. 다시 말해 이미 수립되어 있는 패러다임은 논리적이고 이해하기 쉽고 명백하기 때문에 개념적인 장애로 작용합니다. 뉴턴적인 근본원리는 이해하기 어렵지 않

고 상식처럼 보입니다. 세계에 대한 상상력 없는 인식과 궤를 같이합니다. 새로운 패러다임에 대한 이해는 수학, 양자물리학, 상대성 물리학 등 다양한 분야의 가늠하기 어려운 세심함을 요구합니다. 게다가 기본적인 기조는 의식의 일상적 상태이거나 반직관적입니다.

예를 들어 라슬로의 작업을 보세요. 라슬로는 과학적 지식에 대한 비범한 의무감을 가지고 있습니다. 창조적인 방식으로 다양한 분야의 데이터를 통합하는 능력을 가졌습니다. 그러나 배경지식이 없는 평범한 독자들에게 라슬로가 말하고자 하는 것을 이해시키는 것은 쉽지 않습니다. 그래서 문제는 이런 개념들을 어떻게 평범한 언어들로 번역하고 평범한 사람들을 독려할 것인지 고민하는 것이라고 봅니다.

라슬로: 새로운 패러다임을 확산시키는 문제에 대해서 저는 그로프보다 더 낙관적입니다. 낡은 패러다임에 비해 더 어렵다고 생각하지 않습니다. 기본적으로 매우 간단합니다. 화이트헤드에 대해 앞서 이야기했습니다. 화이트헤드의 학생 중 한 명이 스티븐 페퍼Stephen C. Pepper입니다. 그는 '세계 가설'에 대한 책을 썼지요. 그 책에서 우리가 세계에 대해 생각하는 방법이라는 의미에서 몇 가지 세계 가설을 제시했습니다. 그중 하나가 유기체론입니다. 오늘날 인기를 얻고 있는 것이지요. 이 세계관에 따르면 세계는 유기체입니다. 개인만이 아니라 우주의 전체 생명 영역이 하나의 유기체인 것이지요. 자연스러운 생각입니다. 일단 당신이 그렇게 생각하기 시작하면 분명히 이해가 됩니다. 무엇인가 이해할 수 없는 것이 발생했을 때 새로운 발견을 하게 된다는 것을 저는 경험을 통해 알고 있습니다. 알 수 없는 것을 알고자 할 때 우리는 관점을 바꾸고 다르게 보게 되는데, 그러면 갑자기 그 몰랐던 것이 더 큰 패턴의 일부를 이루고 있다는 것을 깨닫게 됩니다. 패턴의 일부라는 것은 그레고리 베이트슨이 '서로 연결된 패턴'이라고 말

하는 것입니다.

유기체적인 가설은 새로운 생각인 것처럼 보이지만 사실은 아주 오래된 것입니다. 새로운 모습으로 다시 온 것뿐입니다. 새로운 과학이 더 구체적이고 그럴싸한 모양새를 띠게 만들었을 뿐입니다. 그러나 이해하기란 쉽지 않습니다. 뉴턴적인 기계론적 세계 가설에 따라 이뤄진 교육을 벗어나서 나왔기 때문입니다.

그로프: 그러나 뉴턴적 세계관이 현실에 대한 평범한 인식과 공모하고 있다는 것이 하나의 문제라는 생각이 들지 않나요? 세계를 설명하는 명백하고 논리적인 방식으로 보이는 것 같습니다.

라슬로: 서양이나 서양화된 세계에서 성장한 사람들에게만 그런 것 같은데요.

그로프: 저는 신비를 경험하는 상태에서 사람들이 다른 인식에 직접적으로 접속할 수 있고 세계를 다른 방식으로 이해하게 되는 것을 보았습니다. 초개인적 경험들은 윌리엄 블레이크William Blake가 '뉴턴의 잠'이라고 부른 상태에서 우리를 깨어나게 만듭니다. 그러나 새로운 유기체론적 우주의 모델이 여기에 대해 전혀 모르는 사람들에게 어려운 용어를 통해 전달될 수 있을 것이라고 생각하지 않습니다. 특히 이런 생각과 전혀 다른 교육을 받은 사람들에게 설명하기란 더 어렵습니다.

서양 문화에 중요한 신화적 전망과 새로운 사유의 방식을 연결시키는 것을 도울 수는 있습니다. 조지프 캠벨이 가장 관심 있던 것이 바로 이것입니다. 그에 따르면 과거에 인간들은 신화야말로 자기 자신을 지속시키는 길이라고 여겼습니다. 과거의 문화를 연구해보면 알 수 있답니다. 그는 우리가 지금 살고 있는 이 시대의 지배 신화를 인식할 수 있는지, 아니면 신화는 오직 회고적으로 인식 가능한 것인지 궁금하게 여겼습니다. 그가 묻는 질문은 우리가 지금 어떤 종류의 신화에 살고 있는가에 대한 것입니다. 우리는 그것을 인식할 수 있는지, 그 신화가 표면으로 떠올라서 우리의 의식에 불을 붙이고 영감을 줄 수 있는지를 질문했습니다.

러셀: 기계적으로 훈련된 서양의 정신이 유기체론적인 모델에 대해 갖고 있는 또 다른 문제가 있습니다. 이 모델이 참여적인 특징을 가졌다는 것이지요. 유기체론적인 모델은 우리에게 우주의 일부분이라는 느낌을 줍니다. 환원주의적 모델과 우리가 상식이라고 받아들이고 있는 관점은 완전히 반대 방향으로 갑니다. 우리를 전체에서 떼어놓습니다.

그로프: 많은 문화들이 참여적 우주에서 생존의 힘을 얻습니다. 이런 참여적 우주에서 구성원들은 자기 자신을 모든 것과 연결하게 됩니다. 연결을 가능하게 만드는 문화는 통과의례, 신비 그리고 영성적인 실천에서 초개인적인 경험에 직접 접속할 수 있습니다. 이 경험들은 우리보다도 그런 문화에서 비교할 수 없이 다양하게 나타납니다.

라슬로: 우리의 파편적인 제도들과 생활양식이 문제의 원천입니다. 통합이나 전일적인 경험을 허락하지 않습니다. 우리를 기다리는 위기는 서양적 경험의 전환에서 결정적입니다. 위기는 만물이 어떻게 연결되어 있고 상호 의존하고 있는지 보여줍니다. 또한 다른 세계관을 정당화해줍니다. 그러나 어떻게 유기체론적인 관점을 대중에게 전달할지가 문제입니다. 쉽게 배우도록 해야 한다는 것이 문제인 것이지요.

러셀: 그렇습니다. 대부분은 현재의 모델에 어떤 문제가 있는지 알고자 하지 않습니다. 낡은 믿음과 행동 패턴을 고치기에 너무 늦을 때까지 고수합니다.

비슷한 일이 개인적인 차원에서도 일어납니다. 건강하지 못한 생활양식을 가진 사람은 담배를 끊고 식습관을 바꾸고 운동을 더 하라는 조언을 의사에게서 받지만 극단적인 징후가 드러나지 않는 한 말을 듣지 않습니다. 변할 필요성을 못 느끼는 것입니다. 무엇인가 잘못될 때까지 그대로 살아갑니다. 심장마비나 암, 다른 죽을병에 걸려서 어쩔 수 없이 말을 듣게 되는 것입니다. 삶이 편안하다면 우리는 결코 불편한 것을 받아들이려 하지 않습니다. 변화를 받아들이려 할 때는 오직 일이 완전히 틀어질 때입니다. 아마도 위기가 곧 닥치기를 우리는 바랄지도 모릅니다. 위기가 심각하다면 우리를 깨어나게 할 것입니다. 그러나 우리를 파괴할 정도로 심각하진 않기를 바라는 것이지요.

라슬로: 현실적으로 그렇게 되기는 참 어렵습니다.

러셀: 글쎄요, 저는 우리가 무엇인가를 만들어야 한다는 의미로 이야기한 것이 아닙니다. 일이 아주 어려워지기 전까지 우리는 제대로 깨닫지 못할 것이란 뜻입니다. 물론 모든 사람이 그렇게 하진 않습니다. 조언에 귀 기울여서 최악의 순간에 도달하기 전에 변하는 사람들도 있겠지요. 이런 일이 지구적 차원에서 일어나도록 장려해야 합니다.

라슬로: 동의합니다. 우리 자신과 세계를 새롭게 돌아보는 방식, 다시 말해 현실에 대한 새로운 지도가 있어야 합니다. 그로프의 책에서 이야기하는 새로운 마음의 지도가 그것이지요. 그 지도는 새로운 우주의 지도이기도 하지 않을까요? 만일 마음이 놀라운 요소라면 그것과

연결되어 있는 우주도 놀라운 요소일 것입니다. 익히 알고 있는 지도하고는 완전히 다른 지도이겠지요.

그로프: 심리를 그려내는 새롭고 확장된 지도에 대해 저는 말하고 글로 썼습니다. 이 지도는 새로운 현실의 지도이기도 합니다. 전통적인 지도에 부가된 경험을 분류하는 두 범주는 병리학적인 왜곡이 아니라 본래적인 양상과 실존의 영역에 대한 것입니다. 이 지도의 첫 번째에 있는 경험의 내용은 일상에서 우리가 알고 있는 세계이지만 완전히 다른 관점에서 인식되는 것입니다. 다양한 경험을 대상으로서 경험하기보다는 그 자체가 되는 것이지요. 그 자체가 됨으로써 우리는 그것에 대한 더 많은 정보를 얻게 되는 것입니다. 우주에 대한 지식을 획득하는 완전히 다른 방법입니다. 감각을 통해 대상을 연구함으로써, 그런 정보를 분석하고 종합함으로써 서로 다른 양상을 기입하는 것이 아니라 대상 자체가 되는 것입니다.

두 번째 범주에서 경험의 내용은 더욱 놀랍습니다. 서양의 산업 문명이 존재를 부정해왔던 차원과 관련되어 있기 때문입니다. 저는 실존의 신화적 차원, 고대인과 원주민 문화가 신이라고 부른 원형적 존재들과 영역들에 대해 말하고 있습니다. 일단 경험하면 현실에 그 신이 실제로 존재하고 심지어 물질적 세계의 일상 경험보다 더 실제적이라는 사실을 깨닫게 될 것입니다. 역시 마찬가지로 신적인 것들은 이전에 우리가 갖지 못한 새롭고 정확한 정보를 제공할 수 있습니다.

라슬로: 그런 경험을 통해 우리는 현실에 대한 완전히 다른 지도를 얻을 수 있을 것 같군요.

그로프: 그렇습니다. 우리는 여기에서 카를 융이 이야기한 집단 무

의식 또는 최소한 그 무의식의 중요한 양상에 대해 이야기하고 있습니다. 두 번째 양상은 인간성의 모든 역사를 기록하고 있는 집단 무의식의 역사적 영역입니다. 융이 항상 명쾌하게 원형적 영역을 고찰한 것은 아닙니다. 처음에 그는 무엇인가 하드웨어인 뇌에 전승되어서 송출되는 것이 있다고 생각했습니다. 본능적인 행동의 경향 같은 것이었지요. 때로 그는 이것을 인류의 문화유산이라고 불렀습니다. 나중에 그는 원형을 합의된 현실에 반하는 기원적인 우주의 패턴이라고 보기 시작했습니다.

의식의 비범한 상태에 대한 연구에서 이뤄진 관찰은 그런 세 번째 대안을 강력하게 뒷받침합니다. 관찰들은 원형적 영역이 합의적 현실과 우주적 창조 원리의 분화되지 않은 의식 사이에 위치한다는 것을 보여줍니다. 물질세계의 역동성을 형성하고 전달합니다. 예를 들어 위대한 어머니 여신은 개인적 어머니에서 구체적인 표현을 발견하는 우주적인 형판과 같습니다.

저는 여기에서 플라톤의 이데아를 놓고 벌인 유명론자와 실재론자의 철학 논쟁을 생각합니다. 지금도 진행 중이지요. 유명론자들은 이데아를 실재하는 구체적 대상에서 추출된 추상으로 인식합니다. 반면 실재론자는 플라톤의 이데아가 그 자체로 실존적이라고 생각합니다. 비범한 상태는 실재론자의 생각을 뒷받침합니다. 이 상태에서 원형성의 세계는 매우 확실한 방법으로 경험될 수 있습니다. 우리는 매우 다른 원형적 영역들을 방문할 수 있습니다. 이 영역들은 신화적 존재로 채워져 있는데, 이 방식은 인간, 동물, 식물이 이 세계에 존재하는 방식과 같은 것입니다. 원형적 존재들은 더 높은 에너지의 차원에 있는 것처럼 보이고 독특한 아우라를 가지고 있습니다. 더 높은 질서에 속하는 것처럼 보이지만 우리 차원에서 일어나는 사건에 영향을 미칩니다. 이런 이유 때문에 고대인과 원주민 문화는 이 존재들을 신이라고 봤던 것입니다. 이해할 만한 태도입니다.

라슬로: 우리 시대에 더 가까운 사례를 들 수 있나요?

그로프: 몇 년 전에 이아손Iason과 아르고 선의 선원들에 관한 흥미로운 영화를 봤습니다. 황금 양모피를 찾아 모험을 떠나는 신화의 인물에 대한 영화였습니다. 영화는 두 차원을 보여줬습니다. 첫 번째는 이아손과 그의 선원들의 다양한 모험이라는 물질세계였습니다. 두 번째는 역동적인 관계로 얽혀 있는 올림포스의 신과 여신들이었습니다. 신들은 서로 싸우고 긴장하고 사랑을 나눴습니다. 두 차원들은 명백하게 서로 연결되어 있었지요. 신들은 자신의 영역을 가지면서 세상에 영향을 미쳤고 인간들을 적과 아로 나눴습니다. 신들은 자신의 목적을 물질세계에 투사하고, 인간의 영웅들을 폭풍과 위험한 짐승 그리고 다른 도전들과 직면하게 했습니다. 반대로 다양한 행운도 함께 부여했습니다.

이것은 점성술에 깔려 있는 개념들과 유사합니다. 심리 내부나 세상에서 벌어지는 사건들이 행성의 운동과 위치와 관련된 원형적 역동성의 표현이라는 생각이 있습니다. 행성들이 가시적이기 때문에 우리는 원형적 세계에서 발생하는 것을 추론할 수 있습니다. 이를 토대로 간접적이나마 물질적 영역에서 우리가 기대할 수 있는 에너지의 특질을 가늠할 수 있습니다. 그 관계는 동시적이고 인과성과 무관합니다. 원인과 결과에 집착하는 물질주의적 과학자들이 점성술에 어떤 가치가 있을 것이라는 사실을 이해하지 못하는 것은 이 때문입니다.

라슬로: 그것과 관련된 카를 융의 생각이 있습니다. 이미 잘 알고 있듯이 융은 원형에 대한 개념을 볼프강 파울리Wolfgang Pauli와 함께 작

업하면서 공식화했습니다. 그는 인간 심리의 '재현 불가능성'에 대해 연구할 때 양자물리학 또한 '재현 불가능성'에 대해 연구한다는 것을 알고 놀랐습니다. 양자는 우주의 최소 단위로서 완전하게 기술할 수 없는 물질 단위입니다. 융은 둘 또는 그 이상의 재현 불가능성을 가정할 때, 언제나 둘이나 그 이상의 요소에 대한 질문이 아닌 하나의 질문에 대한 가능성만이 있다고 결론을 내렸습니다. 그에 따르면 정신분석학과 양자물리학에 깔려 있는 공통적인 하나의 요소는 우누스 문두스unus mundus였습니다. 이것은 마음과 물질의 영역이 우누스 문두스라는 단일한 초월적 현실성을 이루는 보완적 양상이라는 사실을 의미합니다. 원형성은 정신적 과정과 물리적 과정 모두를 특징화하는 다양한 재현의 근본을 이루는 역동적 패턴들입니다. 정신의 영역에서 원형성은 이미지와 이데아를 조직하고, 물리의 영역에서 원형성은 물질과 에너지의 구조와 전환을 조직합니다. 그러나 근본적인 현실성은 우누스 문두스이고 그 자체는 정신적이거나 물리적인 것이 아닙니다. 위에 위치하거나 아니면 아래에 있습니다. 두 영역을 아우릅니다. 물론 이런 생각은 함축적 질서에 대한 데이비드 봄의 최근 관념을 환기시킵니다. 그것은 마찬가지로 모든 사물에게 존재감을 부여하는 시공간 너머의 초월적 영역으로서 우리가 외부 질서와 상호 작용하는 방식입니다. 그 질서는 서로를 분리시키는 시간과 공간에서 '펼쳐지는' 것입니다.

그로프: 화이트헤드의 과정 철학에 비슷한 개념이 존재합니다. 우주의 과거 전체는 매 순간으로 들어갑니다. 각각의 경우는 인과적 결과의 부분입니다. 신에 대해 고민한 화이트헤드가 영원한 대상들이라고 부른 영역입니다. 릭 타르나스Rick Tarnas의 최근 책 『서양 정신의 열정The Passion of the Western Mind』에 대해 들어보셨나요?

라슬로: 잘 알고 있습니다. 릭은 유럽 사상의 역사를 일컬어 현실을 구성하는 두 차원의 관계에 대한 끊임없는 토론이라고 갈파했지요. 현실의 두 차원이란 익숙한 경험적 현실과 원형적이고 플라톤적이고 고차원적인 현실입니다. 한편으로 그는 유럽 역사가 행성의 위치와 관계된 시스템적인 연관성을 드러낸다고 했습니다. 예를 들어 천왕성은 언제나 뉴턴, 데카르트, 프로이트, 융 그리고 다윈처럼 돌파구를 만들어낸 프로메테우스적인 인물들과 관련되어 있습니다.

러셀: 이런 연관성 때문에 변화의 시간을 점성술이 예언할 수 있는 것일까요?

그로프: 그것은 에너지의 특질과 관련된 원형적 예언들을 가능하게 만듭니다. 그러나 아주 구체적인 예언은 아니지요. 원형성은 특정한 본성을 의미하는 한편 창조성과 발랄함도 만들어냅니다. 예를 들어 우리는 지금 천왕성, 해왕성, 목성이 이루는 3성 결합기로 들어서고 있습니다. 점성술의 의미로 본다면 천왕성은 프로메테우스적인 본성에 따라 만들어지는 돌파구나 혁명적 변화를 의미합니다. 해왕성은 경계의 소멸과 신비로운 깨달음을 뜻합니다. 목성은 관계되는 모든 것을 확장하고 확대합니다. 예를 들면 이렇게 점성술에서 설명하는 원형적 에너지가 경계의 소멸과 초월과 관련된 대양적인 본성의 영성적인 혁명으로서 표현될 것이라고 예언할 수 있을 것입니다. 베를린 장벽의 제거와 독일 통일, 동유럽의 해방과 소련의 해체는 이런 원형적 영향이 드러난 첫 번째 표식입니다.

이 변화의 성격은 또 다른 3성 결합기에 일어났던 1960년대 혁명과 상당히 다릅니다. 그때는 해왕성의 자리에 명왕성이 있었습니다. 명왕성은 디오니소스적인 에너지로서 성욕과 죽음 그리고 부활과 관련되어 있고 강력한 역동성을 수반합니다. 혁명적 충동은 다른 자질을 가질 뿐만 아니라 경찰이나 다른 공권력과 충돌하는 결과를 낳습니다.

릭 타르나스가 과학적이고 예술적이고 사회적인 혁명기에 천왕성이 어떤 역할을 했는지에 대해 썼다는 사실을 부가하고 싶습니다. 그는 이 시기를 '깨우는 자 프로메테우스'라고 명명했습니다. 예를 들어 그는 20세기 초반 아인슈타인의 천왕성 이동을 논의했습니다. 당시 아인슈타인은 혁명적인 물리 이론에 대한 세 편의 논문을 썼습니다. 한편 아인슈타인이 닐스 보어Niels Bohr와 함께 이론적인 논의를 하면서 양자역학에 대한 보수적인 관점을 유지했는데 그때는 토성의 이동이 있었습니다. 다윈의 비글 호가 갈라파고스 제도에 도착했을 때도 천왕성 이동이 일어났습니다. 거기에서 그는 종의 진화와 관련해서 놀라운 발견을 합니다.

라슬로: 자연 세계에는 놀라운 상관관계가 있습니다. 경험적 지식이 아니라 상징적 지식으로 인식되는 자연적 힘과 에너지가 있습니다.

그로프: 점성술적인 세계관 자체는 특정하게 힘을 지칭하진 않습니다. 인과적 연관성보다는 공시적인 배열이라는 관점에서 현실을 봅니다. 거시적 관점에서 우주가 통일적이고 질서 정연하게 상호 연결된 시스템이라는 사실을 지적합니다. 우월한 지성을 통해 계획된 청사진이 반영되어 있다는 것이지요.

러셀: 저는 점성술에 대해 잘 모릅니다. 그러나 어떻게 고대인들이 하늘을 보고 점성술의 뿌리를 발견했는지 관심이 있습니다. 몇 년 동안 저는 도로와 도시에서 방사되는 빛에 오염되지 않은 영국의 청정 지역에 살았습니다. 밤에 별을 많이 볼 수 있었지요. 덕분에 행성의 움

직임에 대해 아주 잘 알게 됐습니다.

저는 수천 년 전에 사람들이 하늘을 보던 방식으로 별들을 관찰합니다. 우리보다 그들이 훨씬 더 어두운 하늘을 봤겠지요. 일단 해가 넘어가면 밝은 빛은 없었을 것입니다. 공기도 깨끗했을 것이고 그래서 별들은 더 밝았겠지요. 사람들은 또한 별들을 관찰하는 이유도 지금보다 더 많이 가지고 있었을 것입니다. 관심을 끌 텔레비전도 없었고 영화관도 없었고 컴퓨터나 책도 없었습니다. 오직 반짝이고 눈길을 사로잡는 밤하늘만 있었습니다.

행성의 움직임을 관찰할 때, 제 삶의 심각한 사건이 행성의 배열과 관계가 있는 것을 감지했습니다. 달이 목성과, 화성과 금성의 사이에 걸쳐 있을 때 하나의 사건이 일어났습니다. 그때 토성이 동쪽에서 올라오고 있었지요. 하늘의 패턴과 제 삶 사이에 어떤 인과관계가 있는지 모르겠습니다. 동시성보다 더한 무엇이 있는 것 같습니다. 인과성은 없지만 그럼에도 의미심장한 관계가 있는 것입니다.

점성술이 어디에서 왔는지 궁금합니다. 고대인들은 시간별로 행성들이 흥미로운 조형을 만들면서 하늘에 펼쳐지는 것을 관찰했습니다. 그들은 이런 패턴과 삶의 사건이 서로 연관되어 있다는 것을 알았을까요? 그랬다면 미래를 예측하기 위해 그 패턴을 기록한 것은 당연한 일입니다.

그로프: 저는 점성술이 천문 관찰과 이 관찰 결과를 역사적 사건 및 인간 경험과 서로 연결시켜온 데이터의 축적으로 등장했다고 믿지 않습니다. 저는 점성술의 발견이, 행성 운동을 내외적인 사건과 원형에 연결시키는 고도의 질서에 대한 총체적 관찰의 결과라고 생각합니다. 창조성의 역사에서 이런 통찰이 드러난 사례들은 많이 있습니다.

그러나 천상과 천체를 이야기하기 때문에 놀라운 우연성에 대해 생각하지 않을 수 없습니다. 태양과 달의 지름을 합친 값은 지구와 떨어진 거리와 일치합니다. 그래서 우리는 잊을 수 없는 개기식의 장관을 볼 수 있는 것이지요. 다들 본 적이 있으시지요? 크리스티나는 제 60세 생일에 특별히 개기식을 볼 수 있도록 계획된 하와이 군도의 크루즈 여행을 선물했습니다. 정말 대단했습니다.

그보다 오래전에 부분일식을 보긴 했습니다. 필름이나 검댕을 묻힌 유리를 통해 태양을 봤습니다. 마치 베어 문 것처럼 태양의 일부가 사라지고 없었습니다. 그렇게 장관은 아니었습니다. 그러나 완전한 개기일식은 부분일식에서 보는 것과 같지 않았습니다. 개기일식은 그 자체로 완전히 다른 하나의 범주였습니다. 80%의 일식도 그런 느낌을 주진 않습니다. 일단 '다이아몬드 링'이라고 불리는 것을 보는 순간 완전히 다른 현실에 사로잡힐 것입니다. 저는 자연현상이라고 부르는 것을 주저했습니다. 순전한 마법이었습니다. 저는 수백 명과 함께 배에 있었습니다. 아침 7시까지 그들은 취해 있었고 선상에서 모든 종류의 여흥에 빠져 있었습니다. 그런데 일단 일식이 시작되자 그들은 완전히 심취해버렸습니다.

고대와 원시 문화는 일식이 무엇인지 몰라서 민감하게 반응했다는 말이 있습니다. 그러나 우리는 무엇이 벌어지고 있는지 정확히 알았습니다. 그런데도 왜 우리는 그렇게 반응했을까요? 선상에서 전문적인 천문학자가 일식을 설명해주는 강연을 열었지만 그럼에도 여전히 그 사건은 소름 끼치도록 놀라운 것이었습니다.

라슬로: 저에게 놀라운 일은 빈번하게 발생하는 자연현상임에도 사람들이 제대로 반응하지 않는다는 것입니다. 예를 들어 저녁노을과 달입니다. 정말 놀라운 정경이지만 사람들은 대체로 무시하지요. 생각해봅시다. 지금 우리는 하나의 행성 위에 있고 갑자기 태양은 지평선

너머로 사라집니다. 그저 해일 뿐이고 일몰은 매일 일어나는 현상일 뿐이라고 생각하는 대신에 그런 의미에서 생각해보면 놀라지 않을 수 없을 것입니다. 이렇게 놀라운 자연현상을 앞에 두고도 사람들은 일상의 업무에만 매달려 있습니다. 물론 예술가들은 알아챌 것입니다. 그러나 다른 사람들은 그러지 못합니다.

그로프: 환각 실험에서 우리가 보는 것, 전체지향호흡요법에서 관찰한 것 중에서 가장 강력한 것은 '잔광'이라고 부르는 것입니다. 몇 시간 며칠 몇 주 동안 지속됩니다. 이 시간 동안 세계에 대한 인식은 근본적으로 변합니다. 주변 환경이 아름답게 느껴지고, 색채는 풍부하고 밝으며, 음악도 다르게 들리고, 성관계도 훨씬 나아집니다. 만지고 냄새 맡고 맛보는 것이 고도로 예민해지고 삶의 유쾌함도 증가합니다. 블레이크와 올더스 헉슬리는 이런 현상을 일컬어 '인식의 문을 청소하기'라고 불렀습니다.

예술의 잠재력과 예술가의 책임에 대해

라슬로: 우리는 예술가들이나 다른 예민하고 창조적인 사람들에게 전형적으로 나타나는 능력에 대해 이야기하고 있습니다. 흥미로운 질문은 시인, 화가, 음악가 같은 예술가가 인간 의식의 진화를 촉발시키는 방식으로 오늘날 요구되는 감수성의 개방을 도울 수 있는지에 대한 것입니다. 그렇게 할 수 있다면 예술 작품의 창조를 통해 사회적이고 도의적인 책임을 다할 수 있다는 말이 됩니다. 물론 이것은 아주 오래된 문제입니다. 오직 예술은 자신의 목적만으로 존재한다는 예술을 위한 예술이라는 명제가 한편으로 있고, 다른 한편으로 개인과 인류를 위해 예술이 무엇을 할 수 있는지 고려해야 한다는 명제가 있습니다.

그로프: 후자는 예술가의 책임을 함축합니다만, 예술가가 무엇을 제공해야 하는지 이해하고 예술 활동 일반을 가치화하고 지원할 수 있는 관객이 있어야 한다는 것을 잊으면 안 됩니다. 예술가는 이런 등식의 한쪽일 뿐입니다. 다른 쪽에는 관객의 감수성과 수용성이 있습니다. 이것은 교양을 필요로 합니다. 이 나라에 얼마나 교양이 부족하고 특히 예술의 가치가 얼마나 희소한지 알면 알수록 기분이 좋지 않습니다. 교양과 예술은 돈이 부족하다는 이유로 매번 희생당합니다. 우리 교육은 관객을 계발하고 개인의 창조성을 발양하는 일에 초점을 맞춰야 합니다.

러셀: 우리 사회는 예술을 어떻게 이해하고 음악을 어떻게 들을 것인지 가르치지 않습니다. 그냥 좋아하는 예술과 좋아하지 않는 예술을 구분하기에 급급합니다. 예술가가 무엇을 하는지, 왜 예술 작품이 중요한지 이해할 수 있도록 도와줄 깊이 있는 예술교육이 이뤄지지 않습니다. 예술가들은 아마도 무엇인가 자신들에게 중요한 것을 만들어내기 위해 성심성의를 다하겠지만, 우리는 그들이 나누고자 하는 것을 이해할 줄 모릅니다.

라슬로: 언제나 보내는 이가 있으면 받는 이가 있습니다. 둘은 실제의 경험에서는 서로 혼합되지요. 받아들인 예술 작품을 '재창조'하는 수용자는 어떤 의미에서 또 다른 예술가입니다. 그러나 예술과 예술의 세계 자체를 대중으로부터 제거해버리는 것이 오늘날 세계의 경향이지요. 예술은 소수의 애호가들을 위해 보전될 뿐입니다.

그로프: 라슬로는 『창조적 우주The Creative Cosmos』에서 작곡가 쇤베르크Schönberg의 말을 인용했습니다. 진실한 예술은 만인을 위한 것이

아니고, 만인을 위한 작품은 예술이 아니라는 내용이었습니다.

라슬로: 쇤베르크를 비롯한 많은 예술가들은 예술을 위한 예술이라는 의미에서 그렇게 말했습니다. 모두는 아니지만 내향적인 유파들이 있고, 이들은 자신의 작업 이외에 다른 어떤 것에도 참여를 하지 않고자 하지요. 예술은 자체의 법칙이 있고 거기에 복종해야 한다고 그들은 말합니다. 그러나 예술은 인류 문화의 한 요소라는 점에서 문화적 전환의 구성 요소일 수도 있습니다. 과학자와 교육자의 공동체처럼 예술가 공동체는 이런 전환에서 역할을 해야 합니다.

러셀: 예술가는 이미 역할을 하고 있습니다.

라슬로: 그러나 충분히 그 문제를 진지하게 생각하고 있을까요?

러셀: 모든 예술가들이 작업에 진지하게 매달린다고 생각합니다. 그렇지 않으면 왜 그들이 돈도 안 되는 그런 일에 매달리겠어요?

라슬로: 제 말은 그들이 자신의 일에 진지하지 않다는 것이 아니라 우리가 지금까지 이야기해온 엄청난 도전을 진지하게 생각하지 않는다는 뜻입니다. 충분히 그들은 문화 혁명의 촉매제가 될 수 있습니다.

러셀: 그렇게 할 수 있을 것이라고 확신합니다. 지구적 수준에서 의식을 변화시킨다는 의미에서 작품을 하는 예술가들은 많이 없겠지요. 그럼에도 대부분의 예술가들은 하고 있는 일에 진지하게 참여한다고 믿습니다. 문화적 전환이라는 맥락에서 그렇게 하는가 하는 문제는 저

에게 중요하지 않습니다. 중요한 것은 무엇에 깊이 끌리고 있는지 여부입니다. 그들이 각자 하는 일들은 의식을 앞으로 전진시키는 일을 돕습니다.

라슬로: 위대한 예술은 원칙적으로 통찰의 형식을 거머쥐거나 전달합니다. 과학처럼 합리적인 통찰일 필요는 없습니다. 그러나 이런 통찰은 예술가의 감각을 이용해서 세상을 이해하게 만듭니다. 고도로 발전된 감수성 덕분에 예술가들은 주변의 세계에 '안테나'를 세우고 분위기와 정신 그리고 지배적인 음조를 받아들입니다. 혹은 거기에서 심각하게 벗어나지요. 그러나 예술가들은 경험하는 존재일 뿐만 아니라 의사소통하는 존재입니다. 그들의 역할과 책임은 자신의 내면세계 너머 더 넓은 세계로 확장됩니다. 그들의 대중은 잠재적으로 모든 인간입니다. 왜냐하면 인간이야말로 예술가들이 자신의 시대에 보유하는 미학적 경험으로부터 혜택을 누릴 수 있기 때문입니다.

그로프: 창조성의 역사를 살펴봤을 때 가장 괄목할 만한 형식이 중요한 역할을 담당합니다. 예술과 종교만이 아니라 과학, 화학, 물리학, 수학도 마찬가지입니다. 윌리스 하먼Willis Harman은 『고도 창조성 Higher Creativity』이라는 책에서 다양한 사례를 들어 이 문제를 거론하고 있습니다. 진실한 예술은 평범한 의미에서 '인간이 만든 것'이 아니라 더 깊은 영성적인 원천에서 온 것이라는 말이지요.

러셀: 예술은 의식 너머 초월적 차원에서 온 것이라는 말인가요?

그로프: 그렇습니다. 최고의 것이지요. 이런 이유에서 예술은 초월적인 영역으로 사람들을 이끄는 다리입니다. 선종의 선문답과 티베트 불

교의 만다라에서도 비슷한 메커니즘을 발견할 수 있습니다. 선문답이나 만다라를 창조하기 위해 선생은 의식의 특별한 상태에 들어가야 합니다. 그래야 타인의 의식으로 접속할 수 있습니다.

라슬로: 예술가들이 이런 예술의 잠재력에 대해 잘 아는 것이 중요합니다.

러셀: 왜 그렇지요? 그들은 특별히 다른 것을 하나요? 예술가들이 영혼의 효과를 이해한다고 해서 무엇이 달라질 수 있지요? 그들은 동일한 방식으로 자신의 영혼을 표현할 것입니다.

라슬로: 그런 의미에 대해 생각해보진 않았습니다. 만일 예술가들이 동시대인들이 직면하고 있는 상황의 심각성을 깨닫는다면, 예술이 의식의 심화와 진화를 촉진할 수 있다는 사실을 안다면 그들의 휴머니즘과 연대감 그리고 참여는 개인과 집단의 복리와 계발에 적합한 종류의 예술을 하게 될 것입니다.

러셀: 그럼에도 저는 그것이 위대한 예술을 만들어낼지 의문입니다.

라슬로: '위대한'이라는 말의 의미가 무엇인지에 달렸겠지요. 예술이라는 것이 '위로부터' 명령되는 것이라는 말을 하고 있는 것이 아닙니다. 예술가 자신의 참여라는 의미에서 말하고 있는 것입니다. 이것은 발자크Balzac, 뒤렌마트Dürenmatt, 이오네스코Ionesco, 피카소Picasso 등이 보여준 것입니다. 다른 예술가들은 자기 자신의 예술만을 참여라고 생각했습니다. 그것으로 족했습니다. 그러나 오늘날은 충분하지 않습니다. 우리가 이야기했듯이 예술은 문화의 요소이고 문화는 인

류 공동체의 요소입니다. 그리고 인류 공동체는 새로운 의식을 필요로 합니다. 오늘날 의식의 진화라는 측면에서 사회는 예술을 필요로 합니다.

러셀: 우리 토론의 기본 주제로 돌아가는군요. 변화는 사적인 경험의 결과로서 도래합니다. 의식의 비범한 상태일 것이고, 삶에 대한 개인의 경험일 것이고, 아마도 다른 요소일 수도 있을 것입니다. 다른 누구 못지않게 예술가에게도 마찬가지입니다. 다른 사람들처럼 예술가도 성숙과 지혜로 이끄는 내면적 과정에 관련되어 있습니다. 내면적인 탐색이 진행될수록 그들도 타인과 그 과정을 나눌 수 있을 것입니다. 저는 그들이 자신의 길에 있고 최고의 일을 한다고 믿습니다. 우리의 도전은 내면에 있습니다. 우리가 할 수 있는 일에 최선을 다하고 있다는 것을 확신해야 합니다. 앞서 이야기했듯이 다른 사람들이 해야 하는 것을 지적하기란 쉽습니다. 그러나 '다른 사람들'이 누군가의 눈으로 보면 우리 자신이라는 것을 기억해야 합니다.

그로프: 국제초개인주의협회의 모임은 정보와 경험 모두에 맥락을 제공하는 좋은 사례입니다. 이 학술회의는 세계 곳곳에서 정기적으로 개최되는데, 초개인적 경향을 나누는 다양한 분야의 사람들이 모입니다. 최소한 초개인 분야에 관심을 가진 사람들이지요. 여기에는 심리 치료사, 심리학자, 과학자, 교육자, 목사, 영성적 교사, 경제학자 그리고 정치가까지 망라되어 있습니다. 5일짜리 프로그램은 강의, 토론, 제의, 경험 워크숍, 춤, 문화적 이벤트로 이뤄져 있습니다. 많은 예술가들이 여기에 참가합니다. 영감을 얻는 다양한 초개인적 생각들에 노출되는 것뿐만 아니라 예술가들은 강력한 사적인 경험을 하게 됩니다. 확신시키거나 인도할 필요가 없습니다. 매력에 끌려 학술회의에 참가

한 것이지 억지로 온 것이 아니기 때문입니다.

라슬로: 예술과 관련해 의사소통은 지도 편달일 수 없습니다. 결국 예술가는 삶을 살아가는 인간존재이고 이런 삶의 경험에 특별한 감수성을 부여하는 것뿐입니다. 미학적 경험에서 출현하는 것을 예술에 반영하는 것입니다.

제 요점은 만일 예술가가 감수성을 가지고 있다면 그것을 이용하는 책임도 가진다는 것입니다. 위기에 처한 것은 사적인 구원이나 개인적 자아뿐만 아니라 다른 사람의 복리와 사회의 발전도 있습니다.

그로프: 예술은 우리 시대에 대한 직접적이고 명쾌한 메시지를 전달해야 하는 것이 아닙니다. 저는 영화 '스타워즈'의 놀라운 성공에 대해 생각하고 있습니다. 우리 시대의 뜨거운 쟁점을 드러내지는 않은 영화입니다. 원형적 모티프를 가지고 있는 공상과학영화입니다. 선과 악의 대결, 제국에 대항해서 자신의 자유를 지키려는 일군의 사람들, 영성적인 가치 대 비인간적인 기술 관료 사회의 비교, 그리고 포스의 권위 등등 말입니다. 이 모든 이야기는 '옛날 옛적 머나먼 은하계'에서 일어난 일이지만 현재 상황과의 연관성을 찾을 수 있습니다.

라슬로: 그런 사례들은 많습니다. '혹성탈출'이 다른 사례일 것입니다. 이 영화에 대한 대중의 반응이 흥미로웠습니다. 인간 가족 전체가 직면하고 있는 문제였고 모두가 동일한 상황에 처해 있습니다. 갑자기 인간이라는 종은 다른 종의 지배를 받게 되고 멍청한 노예로 살아가게 됩니다. 예술가는 모든 인간의 느낌을 공개적으로 표현할 수 있습니다. 다른 종류의 공상과학영화들도 흥미롭습니다만 이런 영화들이 어떻게 직접적으로 이 지구의 문제하고 관련을 맺는지 모르겠습

니다. 행성 간 모험보다 더 중요한 화제들도 흥미롭습니다.

러셀: '스타워즈'와 같은 영화의 이야기는 지금 현재 직면하고 있는 문제와 직접적으로 연결되어 있는 것은 아닙니다. "포스가 함께하리라"는 대사뿐만 아니라 다양한 보편적 주제들이 있습니다. "분노는 도움이 되지 않는다"와 "공포를 극복해야 한다"는 대사들이 그렇지요. 성공적인 공상과학영화에서 비슷한 메시지를 읽어내는 것은 어렵지 않습니다. 허구적 설정에 적합한 인물들이긴 하지만 오늘날 우리에게도 적용할 만하고 가치 있는 메시지들이 많이 있습니다. 이것이야말로 왜 그런 영화들이 성공적이었는지 설명해주는 이유라고 생각합니다. 영혼의 깊은 곳을 건드리는 것이지요.

영화에 깔려 있는 이런 생각들은 의미심장하기도 합니다. 영화를 쓰고 만드는 사람들도 자기 발견의 길을 따라가는 인간존재들입니다. 그들이 무엇인가 삶에서 지혜를 발견할 때 본성적으로 그것을 세상에 알리고자 합니다. 그들은 스스로에게 묻지요. 어떤 형식을 취하면 더 많은 사람들에게 자신이 깨달은 지혜를 알릴 수 있을까, 이렇게 말이지요. 이런 종류의 의사소통은 세심한 과정입니다. 청중에게 가르치려 들면 아무도 듣지 않을 것입니다. 메시지는 정확한 방법으로 전달되어야 하고 그렇게 할 수 있는 기교들도 있습니다.

라슬로: 제 질문은 어떻게 우리가 예술가로 하여금 감수성을 조율하게 할 수 있는지에 대한 것입니다. 안테나를 연장해서 우리 시대의 중요한 것에 의식적으로 책임감 있게 접속하게 할 수 있는지 그것이 궁금합니다.

러셀: 그런데 그 질문은 예술가들이 그렇게 하지 않는다고 가정하고

있습니다.

라슬로: 저는 그들 모두가 그렇게 하지 않는다고 생각하지 않습니다. 그렇게 하고 있는 예술가들도 있습니다. 그러나 예술가들은 지금 하고 있는 것보다 더 많은 것을 할 수 있습니다. 그리고 더 많은 예술가들이 그렇게 해야 합니다.

러셀: 저에게 그 말은 우리가 그들보다 더 낫고 더 많이 안다고 가정하는 것처럼 들립니다.

라슬로: 그렇지 않습니다. 버나드 쇼Bernard Shaw가 말했듯이 오믈렛을 판단하기 위해 굳이 계란을 어떻게 부쳤는지 알 필요는 없습니다. 우리 자신이 할 수 없어도 예술 생산물의 가치를 알 수 있습니다. 예술의 결과를 볼 수 있고 그 창조성이 우리가 직면한 문제에 초점을 맞춘 것인지 아닌지 알 수 있습니다. 또한 예술 작품이 얼마나 많은 사람들로 하여금 문제와 도전을 직시하게 돕는지 알 수 있습니다. 개선의 여지가 있습니다.

그로프: 우리는 과학자, 경제학자, 정치가, 예술가라는 다양한 집단이 무엇을 해야 하는지에 대해, 어떻게 그들의 활동을 상승시킬 것인지에 대해 이야기하고 있습니다. 간단하게 정보를 교환하고 각 집단과 개인 사이에 대화를 증진시키면 되는 일입니다. 달리 필요한 일은 종합적이고 체계적인 사유를 하는 것입니다. 새롭게 발견한 것들과 통찰들을 서로 엮어서 이해 가능한 전체로 만들어낼 모자이크가 그 생각을 통해 만들어질 것입니다.

라슬로: 자기 학습이란 것도 있습니다. 가르침을 받는 것이 아니라 혼자 배우는 것이지요. 이런 일에 예술가들이 함께하지 못할 이유는 없습니다. 문화와 문명에서 예술의 역할이 없지 않습니다. 서양 문명의 쇠퇴기에 해야 할 일이 많습니다. 무엇인가 새로운 것이 예술에서 태어날 것입니다. 예술가든 누구든 믿을 수 없는 도전에 직면하고 있습니다.

그로프: 데이비드 봄이 추천한 대화를 통해 많은 것이 달성될 수 있을 것이라고 믿습니다. 이 상황에서 관점을 탐색하는 다양한 예술가 집단들도 이런 대화를 나눌 수 있습니다. 예술가들은 더 의식적으로 될 것이고 우리가 직면한 문제를 인식할 것입니다. 그 결과 자신들이 관여할 수 있는 방법을 발견하고 예술로 표현하겠지요.

러셀: 중요한 사안이 있습니다. 어떻게 서로에게 영감을 줄 수 있을까요? 어떻게 서로에게 촉매제가 될 수 있을까요?

그로프: 제 경험상 의식의 비범한 상태야말로 예술적 작업을 위한 강력한 촉매제입니다. 환각 연구를 체코슬로바키아에서 하고 있을 때 이런 물질을 전문적으로 사용하는 것에 대한 규제가 없었습니다. 프라하에 있는 많은 예술가들이 우리 작업에 대해 듣고 연락을 취해 왔습니다. 환각 체험을 하고 싶다는 것이었지요. 우리는 그들의 제의를 받아들였습니다. 마음을 바꾸는 약물의 효과가 예술적 표현에 어떤 영향을 줄지 궁금했기 때문입니다.

미국으로 이민을 온 후 20년이 지나도록 저는 고국으로 돌아가지 못했습니다. 미국에 머무는 것이 체코 당국에게는 불법이었기 때문입니다. 마침내 프라하를 다시 찾았을 때 우리 프로그램에서 환각 체험을 했던 두어 명의 예술가들이 준비한 전시회를 볼 수 있었습니다. 연대기순으로 전시된 회화 작품이었는데, 언제 환각 체험을 했는지 명확하게 작품에서 드러나는 것이었습니다. 그들의 예술에서 양자적인 도약이 일어난 것을 알 수 있었습니다. 우리는 그들의 예술을 바꾸려고 하지 않았습니다. 그들 역시 우리가 하는 일에 매력을 느꼈고 자발적으로 관심을 표했습니다. 그들은 그 경험을 자신의 방식대로 사용했습니다.

라슬로: 부다페스트 클럽에서 비슷한 경험을 했습니다. 창조 회원 중 한 명이 영국에서 온 마거릿 스미스화이트Margaret Smithwhite입니다. 그녀는 백설공주 같은 머리에 아름다운 푸른 눈을 가지고 있습니다. 지난 몇 년 동안 아이들과 함께 일을 하면서 명상을 가르치고 있습니다. 처음 그녀가 아이들에게 보여주는 것은 명상의 첫 단계입니다. 그러고 나서 아이들에게 아이들과 어른들이 모두 평화롭게 지내는 세상을 그려보라고 합니다. 말하자면 그들이 살고 싶어 하는 세상을 그려보라는 것이지요. 한 주 정도 함께 작업을 했고 명상을 가르치고 그림을 계속해서 그리게 했습니다. 그 주가 끝난 뒤에 우리는 그림에서 엄청난 변화가 일어난 것을 발견했습니다. 우리는 그녀를 부다페스트에 있는 한 학교에서 일주일 동안 가르치도록 초청하고 그 학교에서 아이들의 그림을 전시했습니다. 부모들이 와서 보고는 놀랐습니다. 이런 그림 수백 점이 있습니다. 모두 아이들이 그린 다양한 세상과 문화의 이미지입니다. 마거릿이 가르친 아이들 중에는 호주의 원주민 아이도 있었고, 콜럼버스가 당도하기 전에 있었던 아메리카 원주민의 아이도 있었고, 체르노빌에서 살아남은 아이도 있었습니다. 이들이 명상을 하고 그림을 그렸지요. 아이들과 문화들이 제각각 다른 전망을 가지고 있었지만 어떤 원형적인 요소는 같았습니다. 명상의 경험을 통해

서 그들이 그린 것들이 엄청나게 변화한 것입니다.

부다페스트 클럽의 다른 회원 중에 나토 프라스카Nato Frascà라는 화가가 있는데, 로마에 있는 미술아카데미에서 그림을 가르쳤습니다. 그는 20년 동안 학생들에게 숙제를 내줬습니다. 명상에 들어가 있을 때 뭔가 끄적거려보라고 과제를 부여했습니다. 자궁에 들어 있던 상태를 상상해보라고 아이들에게 권했고 그에 맞춰서 마음 가는 대로 그림을 그려보라고 했습니다. 그는 수많은 끄적거림을 모아서 분석했습니다. 그는 직선과 구불구불한 선을 분석할 수 있는 시스템을 고안했습니다. 분만이 이뤄지는 어떤 시점에 트라우마가 발생하는지 끄적거림은 그에게 알려줬습니다(태아가 트라우마적인 경험을 하는 시점은 산모가 분만을 위해 밀어낼 때라는 사실을 덧붙이고자 합니다). 그로프 또한 알아낸 것처럼 공포의 뿌리는 생애를 통틀어 하위 의식에 남아 있습니다. 나토의 시스템에서 그 경험은 아주 강력한 수직선으로 나타납니다. 수직선은 임신 기간과 일치합니다. 나토는 끄적거림을 해석하고 아이의 어머니에게 확인을 요청했습니다. 임신의 시기에 비정상적이고 트라우마적인 경험을 했던 것일까요? 90% 이상 그 흔적과 시간이 일치했다고 합니다.

가치와 윤리의 재고

라슬로: 가치의 문제로 다시 돌아가봅시다. 결국 질문은 우리의 삶과 미래입니다.

그로프: 사람들이 비범한 경험을 했을 때의 가치를 말합니까? 아니면 일반적 가치를 지칭하는 것인가요?

라슬로: 둘 다 의미합니다. 실질적인 가치의 본성을 먼저 고려해봅시다. 가치를 순전히 주관적인 현상으로 파악하는 서양의 철학 학파가 있습니다. 일종의 전통이지요. 그런데 이것 다음에 무엇이 있습니까? 가치의 지위는 무엇입니까? 가치라는 것은 불가해한 성격의 문제처럼 보입니다. 순전히 주관적인 변덕처럼 보이는 것이지요. 그러나 가치에는 그것보다 더한 것이 있습니다. 객관적인 방식으로 가치는 세계로 들어옵니다. 가치들은 사람들의 행동을 통치하지요. 가치들은 개인적이면서 사회적인 현상입니다. 공동체의 진화에 영향을 미치고 환경과 관련을 맺습니다. 가치가 객관적 세계의 일부라면 우리는 진지하게 다뤄야 합니다. 건강이나 질병 문제 또는 우리의 삶과 복리에 영향을 미치는 객관적인 요인이기 때문입니다.

그로프: 사실입니다. 초개인적이고, 존재하는 문화를 초월한 핵심 가치들의 체계가 있습니다. 신비주의적 경험에서 자발적으로 출현한 윤리 체계인 것이지요. 서로 다른 문화에서 온 사람들에 대한 가치들을 포함합니다. 여러 실험적인 작업들을 통해 이런 현상을 반복적으로 관찰했습니다. 인도주의적인 심리학자인 에이브러햄 매슬로Abraham Maslow는 자발적으로 신비주의적 체험을 한 사람들에 대한 관찰에서 이 문제를 기술했습니다. 그는 이런 체험을 '절정의 경험'이라고 불렀습니다. 그는 이런 가치를 '메타 가치'로, 그리고 이에 따라 행동하고자 하는 충동을 '메타 동기부여'로 불렀습니다.

라슬로: 초개인적 가치는 보편적이거나 초문화적인 가치와 다른 것인가요?

그로프: 좋은 질문입니다. 어떤 가치는 초개인적인 것이 될 수 있지

만 특정한 문화에 속합니다. '보편적'이거나 '초문화적'이라는 용어는 제가 말하고 있는 것을 지칭하기에 더 나은 말입니다. 예를 들어 이런 가치들은 신성한 것으로서 삶을 위한 규율 같은 것입니다. 살인은 나쁜 것, 다른 감정적 존재와 공감을 해야 한다는 것 등을 제시하지요.

라슬로: 초개인적인 가치의 사례는 무엇이 있을까요? 보편적인 것이라고 해도 되겠군요. 많은 이들의 마음에서 나타나는 가치가 바로 이런 것이 아닐까 합니다.

러셀: 그로프가 말했던 것이 좋은 사례인 것 같습니다. 살인은 나쁜 것이라는 그 느낌 말입니다. 우리는 이 가치와 고도의 의식 상태를 서로 연관시키고 있지요. 성자가 살인을 옹호할 리는 없을 것입니다. 그럼에도 성자가 먹기 위해 동물을 도축하는 것에 찬성하는 것은 놀라운 일이지요. 살생이 정당하다는 생각은 '내 욕구가 우선'이라는 의식의 자아-양식이 지배하는 깨어나지 못한 상태 때문에 발생하는 것입니다. 살아 있는 다른 존재의 생명을 취하는 것은 자기중심적 가치 체계에 기반을 두고 있습니다. 존재의 이기적인 양식을 버리는 것을 배우면 생명을 더 존중하게 됩니다. 살생하지 않는 것은 이성적인 정당화가 필요 없습니다. 살생은 그냥 나쁜 것으로 느끼는 것이지요.

라슬로: 주류 철학에 따르면 도덕적 책임은 다른 인간존재에 한정되어 있습니다. 자신의 행동을 타인에 맞춰 책임지는 것입니다. 인간은 '내면'을 가지고 있다는 것이지요. 잘못 대접을 받으면 고통스러워합니다. 원칙적으로 '남이 당신에게 해주기를 바라는 것처럼 남을 대하라'는 주의입니다. 철학자들은 타인을 동료로 받아들일 책임이 있다고 말합니다. 그러나 도덕적 책임이 인간에 한정된 것은 제멋대로입

니다. 너무 제한적이지요. 내면적 차원은 모든 생명의 형식과 함께 나눠 가진 것입니다. 이 사실을 믿는다면 도덕적 책임은 생명 전체를 아우르는 모든 형식으로 확장되어야 할 것입니다.

러셀: 잠깐 뒤로 돌아가서 우리가 사용한 용어를 살펴봅시다. 저는 가치와 도덕은 다르다고 생각합니다. 모든 사람들이 가치를 가지고 있습니다. 그것은 '우리가 가치화하는 것'입니다. 말하자면 우리가 삶에서 중요하다고 여기는 것이지요. 가치들은 사람에 따라 다양합니다. 그러나 지금까지 논의했듯이 우리는 의식의 양식이 변화하는 것처럼 가치도 변할 것이라고 예상할 수 있습니다. 반면 도덕이란 것은 사회 저변에 깔려 있는 것으로 어떻게 사람이 행동해야 하는지에 대한 것입니다. 공동체를 하나로 묶어주는 일련의 규칙이고 각 구성원들이 함께 살아갈 수 있도록 해주는 것입니다.

도덕은 자기중심성을 억제하지만 고도의 의식 상태에서 출현하는 것은 아닙니다. 대부분의 사회는 살인이나 절도, 강간에 대한 금지를 명하고 있습니다. 이런 문제가 모든 사람들이 지켜야 하는 근본적인 가치라서 그런 것이 아니라 사회가 구성원들을 유지해야 하기 때문에 요청하는 것입니다. 이기적인 사람들의 공동체가 제대로 기능할 수 있도록 하기 위해 이런 도덕이 필요합니다.

인간의 의식이 성공적으로 안착한 후에 이런 도덕은 덜 필요해졌습니다. 사회가 가치를 강제하는 것도 덜 필요해졌지요. 사람들이 그로프가 이야기한 경험을 통과함으로써 의식의 이기주의적 양식에 덜 매달리게 됐습니다. 더 깊은 가치와 자발적인 삶에 점점 더 가닿게 된 것입니다. 그들의 가치는 사회적 코드보다 내면을 통해 부여받게 된 것입니다.

라슬로: 도덕성의 감각에 대한 필요는 여전히 있습니다. 우리는 도덕적 행동과 비도덕적 행동을 구분할 수 있어야 합니다.

러셀: 저는 그런 구분이 보편적으로 될 수 있다고 생각하지 않습니다. 도덕이란 것은 상대적이고 사회에 따라 다릅니다. 어떤 집단에 비도덕적인 것이 다른 집단에게는 완벽하게 도덕적일 수 있습니다. 자기 자신을 잘 이해하고 심오한 보편적 가치들을 잘 받아들이는 사람들은 타인에게도 해를 덜 끼칩니다. 그렇다고 해서 어떤 특정한 코드에 맞춰서 도덕적으로 행동을 하는 것은 아닙니다. 그럼에도 어떤 특정한 사회의 코드에서 본다면 비도덕적으로 행동하는 것일 수도 있습니다.

라슬로: 주어진 문화에 받아들여지는 것에 따라 도덕성은 상대적이라고 말씀하시는군요.

러셀: 그렇습니다.

그로프: 특정한 문화의 영역에 남아 있는 한, 윤리적 가치란 것은 너무도 특이하고 지리멸렬하고 변덕스럽다는 것을 알 수 있습니다. 하나의 인간 집단에게 충격적인 것이 다른 집단에서는 수용 가능하고 완전히 정상적인 것일 수 있습니다. 어떤 사회에서 절대적이고 의심할 나위 없이 당위적인 것이 다른 사회에서는 그렇지 않을 수 있습니다. 동일한 원칙이 같은 문화에서도 파편적으로 적용될 수 있습니다. 사회적이고 종교적이고 정치적인 차이 때문이지요.

성욕을 예로 들어보겠습니다. 문화적 편견의 굴레를 벗어던지고 초문화적이고 보편적인 관점에서 이 문제를 바라보면, 얼마나 상대적이고 우연적인 가치판단이 있는지 알게 됩니다. 뉴칼레도니아에 있는 원주민들은 남매 쌍둥이를 낳으면 살해를 합니다. 근친상간의 금기 때문이지요. 남녀가 같은 자궁을 공유했으니 근친상간의 금기를 깨뜨렸다는 논리입니다. 반대로 고대 이집트와 페루에서는 귀족 집안 내에서 남매의 결혼은 신성한 의무였습니다. 어떤 문화에서 불륜은 사형이지만, 에스키모 풍습은 환대의 의미로 남성 주인이 자신의 아내를 손님 잠자리에 들여보냅니다. 어떤 문화에서 벌거벗은 몸은 자연을 상징하지만, 어떤 문화에서 여성은 몸뿐만 아니라 얼굴까지도 다 가려야 합니다. 어떤 문화에서 일부다처제나 일처다부제는 자연의 순리를 따르는 논리적인 결혼 제도입니다. 어떤 사회에서 동성애는 신성모독이고 사형에 처해지는 범죄이지만, 다른 사회에서는 이성애보다 정상적이고 수용 가능할 뿐만 아니라 우월한 것으로 여겨집니다. 문화를 통해 우리에게 강제되는 처벌과 금기를 초월한 탈인습적인 도덕성이 있습니다. 완전히 다른 것입니다. 개인이 세포 단위에서 초개인적 본성을 완전히 사적인 경험으로 느끼는 것입니다.

라슬로: 그로프의 환자들은 심지어 무생물이나 지구 전체 또는 우주 전체와 자신을 동일시하는 놀라운 경험을 하는 것처럼 보입니다. 상이하고 비범한 가치 체계와 서로 연결되는 것 같군요. 고전적으로 보면 가치 체계는 자아주의적입니다. 우리는 "나는 상처받기 싫다. 그러므로 남에게도 상처 주지 않는다"라고 말하곤 합니다. 이런 생각은 기독교적인 도덕성의 기초이기도 합니다. 거기에서 발원하는 서양의 도덕에서도 중요한 기초이지요. 그러나 불교의 가치 체계는 이 수준을 넘어갑니다. 모든 창조가 공감의 대상이기 때문입니다. 당신이 묘사한 그 경험에서 피실험자는 이기적인 자기 이익과 가치를 넘어 세계 그 자체로 갔습니다. 아마도 사람들이 그런 경험을 하면서 세계가 자기 자신들의 확장이라는 사실을 느꼈기 때문일 것입니다. 그들은 세계의

일부이고 세계도 그들의 일부입니다. 그래서 그들은 도덕성과 관련되어 있는 일상적인 가치를 넘어서 초사회적인, 심지어 초인간적인 가치로 나아갑니다.

그로프: 그렇습니다. 정말 정확하게 짚어주시는군요. 그것은 깊은 개인적 경험에 관여하는 시스템적인 영성 실천에서 더욱 명확해집니다. 지속적인 윤리적 발전과 진화가 일어나고 있음을 볼 수 있습니다. 처음에 사람들은 붙잡혀서 처벌받는 원시적 공포 때문에 어떤 것도 확신하지 못합니다. 또 다른 단계에서 사람들의 행동은 명령의 시스템 또는 프로이트가 초자아라고 불렀던 선입견에 끌려다닙니다. 그다음 단계에서 업karma의 법칙을 깨닫습니다. 어떤 행동이 모종의 결과를 낳는다는 것을 깨닫지요. 도덕성의 최고 형태는 모든 창조에 깔려 있는 통일성에 대한 인식, 지각 있는 존재들과 함께 공유한 정체성의 의미, 그리고 우리 자신의 신성성에 대한 자각을 반영합니다. 심리 영성적인 진화에서 도덕성의 변화는 우리 자신과 세계, 우리의 장소와 역할에 대한 이해의 변화를 반영합니다.

라슬로: 그로프의 경험에서 사람들의 가치 지평은 그런 경험들을 통해 확장되는 것인가요? 그들도 성장하고 진화합니까?

그로프: 물론입니다. 그들은 성장하고 진화합니다. 특정 형태의 감정이입은 관찰하는 나와 고통받는 타인이라는 분리와 구분을 여전히 포함합니다. 일상적인 동정과 순전한 공감 사이에는 차이가 있습니다. 후자는 타인과 일체가 되는 감정이고 다른 이들과 본질적으로 동일화되는 것입니다.

라슬로: 후자는 아마도 이성적 이해보다 더 깊을 것입니다. 관계에 대한 본능적인 감각 같습니다.

러셀: 동의합니다. 타인에게 고통을 야기하지 않는 사례를 들어봅시다. 무해함이라는 생각은 영성적인 전통에서 발견할 수 있는 것입니다. 많은 사람들이 자발적으로 의식이 진화하면서 끌리게 된 것이지요. 자신을 고통에 빠뜨리는 것을 원하지 않을 것입니다. 그래서 그런 생각을 다른 사람들에게도 투사하는 것입니다.

이것이 공감입니다. 자신을 느끼는 것처럼 타인을 느끼는 것이지요. 그리고 자신을 돌보듯이 타인을 돌보는 것입니다. 우리의 마음을 다양하게 분리된 믿음과 태도로부터 해방시킬 때 자연스럽게 일어나는 것입니다. 타인에게 더 깊게 감정이입을 하게 되는 것입니다.

그로프: 비범한 상태에서 우리는 무엇이라도 자기 정체성의 일부로 경험할 수 있습니다. 인간들, 동물들, 식물들, 원형적 존재들이 이에 해당하지요. 보통 대상으로 인식하는 모든 것에 대해 일치하는 주관적 경험이 있습니다. 예를 들어 나는 세쿼이아가 될 수 있습니다. 내 몸의 이미지는 뿌리와 줄기 그리고 가지가 됩니다. 수액이 도는 것을 느낄 수 있습니다. 뿌리에서 광물질과 물이 빨려 올라옵니다. 뾰족한 잎으로 광합성도 합니다. 일반적인 사례를 들고 있거나 제가 함께한 누군가에게 일어난 일을 묘사하는 것이 아닙니다. 제 자신이 경험한 것입니다. 정말 특별했어요.

라슬로: 고통과 즐거움을 실제로 느끼는 것과 관련해 어디에 선을 그어야 할까요? 고통, 즐거움 그리고 다른 느낌과 감정의 고유한 가능성을 어떻게 구별할 수 있을까요? 인간존재에 한해서 가능한 느낌과 감

정일까요? 아니면 동물이나 식물 같은 다른 피조물에도 적용 가능할까요? 모든 생명 영역은 어떤가요?

러셀: 식물은 잘 모르겠습니다. 동물과 같은 신경계를 가지고 있는 것처럼 보이진 않습니다. 고통이 신경계에 의존하는지 어떤지 모르겠습니다. 그래서 식물이 고통을 느끼지 않는다고 말할 수 있는지 잘 모르겠습니다. 그러나 척추동물보다 하등한 동물의 경우는 가능할 것 같습니다. 곤충은 아마도 고통을 느낄 것입니다. 다리를 뽑으면 거미는 고통스러워하겠지요. 상상이 갑니다.

라슬로: 잎사귀와 연결되어 있는 나뭇가지나 줄기가 고통을 느낄 것 같진 않다고 하는 것은 좀 의아스럽군요. 나뭇잎을 뜯고 가지를 잘라버린다면 나무도 그것을 느낄까요?

러셀: 잘 모르겠습니다. 저는 다만 제 자신의 경험을 돌아볼 수 있을 뿐입니다. 거미의 다리를 뽑는 것이 나쁘다는 것은 느낄 수 있습니다. 그러나 나뭇잎을 뜯는 것은 그렇게 큰 감정적 기복이 필요 없는 것 같습니다. 그래서 제 경우는 거미와 나무 사이에 어떤 심적인 선이 그어져 있습니다.

라슬로: 글쎄요, 저는 그럴 것이라고 확신이 안 서는군요. 수소 원자조차도 폭발할 때 기본적인 고통의 형태에 준하는 질적인 무엇인가를 '느낀다'고 생각하는 편입니다.

그로프: 존재를 구성하는 모든 단계의 과정에서 무한한 불편함이 있는 것 같습니다. 우리는 화이트헤드에 대해 앞서 이야기했습니다. 그

가 초개인적 상태에서 사람들이 겪는 전 범위를 충분히 다루지 않았다고 제가 생각하는 이유는 그가 의식을 합생concrescence 과정의 마지막 단계로 봤기 때문입니다.

러셀: 그렇습니다. 그러나 화이트헤드는 내면성이란 것이 우리가 알고 있는 그런 의식이 아니라고 믿었지 않습니까? 그는 내면의 세계야말로 진화의 나무에서 물질의 기본 요소까지 이르는 것이라고 믿지 않았나요?

라슬로: 그의 관점에서 '현실적 존재자의 집합societies of actual entities'이 있습니다. 이 집합은 고유의 내면성을 가지고 있고 분자까지도 포함합니다.

그로프: 그는 또한 현실적 존재자 각각이 우주의 모든 역사를 포함한다고 썼습니다. 우리는 의식적으로 현재의 순간을 구성하고 있는 모든 것, 그것에 흘러 들어오는 모든 것에 대해 알지 못합니다. 우리는 그의 모델을 사용할 수 있지만 비범한 상태라는 것은 갑자기 각성할 수 있고 의식할 수 있는 역사의 특정한 양상을 확신한다는 것을 가정해야 합니다. 이런 각성과 의식이 사람, 동물, 식물, 비유기체적 대상, 원형, 화이트헤드의 용어로 '영원한 대상'과 관여할 수 있습니다.

라슬로: 그런 동일화의 넓은 범위가 주어진다면 가치 체계는 덜 이기주의적으로 될 것이고 덜 제한적일 것입니다. 이런 다른 상태의 동일화는 세상에서 강력한 사회화의 요소가 될 것입니다.

그로프: 정말 그렇게 되겠지요.

둘째 날 저녁

궁극적인 질문들: 결론적인 성찰

업karma

라슬로: 기본적이고 아마도 궁극적이라고 부를 수 있는 질문들을 다뤘습니다. 아마도 우리는 다시 한 번 이 질문들을 살펴봐야 할 것 같습니다. 질문들에서 무엇을 배울 수 있을까요? 의식이 다른 상태에 진입할 때 사람들은 어떤 놀라운 힘과 능력을 취하는 것일까요?

그로프: 사람들이 비범한 의식 상태를 통해 자기 탐색에 들어갈 때면 생태학이나 윤리학을 가르칠 필요가 없습니다. 초개인적인 경험을 할 때면 그들의 가치 체계는 자동적으로 변하고 깊은 생태학적인 깨달음과 관용 그리고 공감을 계발합니다. 심리 영성적인 죽음과 부활의 경험도 비슷한 효과를 냅니다. 정체성은 확장되고 다른 존재를 포함합니다. 자아-죽음의 경험은 더 큰 정체성의 의미로 나아갑니다.

이런 과정은 매우 중요한 실천적 결과를 낳습니다. 우리는 환각 치료 프로그램을 죽음을 앞둔 말기 암 환자들에게 시행했습니다. 이런 종류의 경험은 죽음의 공포를 극복하고 태도를 바뀌게 만들었습니다. 남아 있는 날의 소중함을 깨닫고 죽음을 담담하게 경험하게 했습니다.

러셀: 앞에서 밝혔듯이 최근 제 친구가 세상을 떠났습니다. 그녀의 마지막 날들에 흥미로운 일이 일어났습니다. 죽음 앞에서 초연했습니다. 1년 동안 그녀는 죽음과 싸웠습니다. 그녀는 자기는 아직 갈 때가 아니라고 제게 말했습니다. "나는 아직 죽고 싶지 않아. 나는 아직 죽을 준비가 되지 않았어." 그런데 죽기 1, 2주 전에 그녀는 말했습니다. "내가 죽어야 한다고 생각해? 아니면 더 살아야 한다고 생각해?" 그녀는 죽음에 대해 안심했고 모든 공포가 사라졌습니다. 정말 놀라웠습니다.

우리 모두 이런 것을 보다 일찍 겪어야 한다고 생각합니다. 실제의 죽음이 아니라 죽음의 공포를 사라지게 해야 하는 것이지요. 이상적으로 말해서 이런 것이 우리 교육의 일부가 되어야 합니다. 우리는 이런 공포를 없애고 나머지 삶을 목에 걸려 있는 거대한 죽음의 무게 없이 살아야 합니다. 완전히 다른 세계일 것입니다.

그로프: 죽음과 부활에 대한 고대의 신비와 원주민의 통과의례는 죽기 전에 죽음에 초연할 수 있도록 만들어줍니다. 17세기 독일의 아우구스티누스회 수도사인 산타클라라의 아브라함Abraham of Santa Clara은 죽기 전에 죽은 사람은 죽을 때가 됐을 때 죽지 않는다고 말했습니다. 이런 경험을 하는 순간 우리는 죽음을 끝이 아니라 놀라운 여행이라고 생각하게 될 것입니다. 죽음은 다른 존재의 양식과 다른 실존의 단계로 이행하는 것에 불과합니다. 심오한 우주적 진리든, 아니면 초개인 심리학에 대해 물질주의적 비판가들이 말하는 것처럼 다행스러운 망상이든 이런 경험은 사람들의 삶을 변화시키는 것이 확실합니다.

라슬로: 죽음과 부활에 대한 어떤 직관들은 수천 년이나 됐고 여전히 그 심오함은 독보적입니다. '티베트 사자의 서'는 죽음 이후의 정신

과 영혼에 대한 안내를 제공합니다. 그 안내를 받아들이기 어려운 것은 부활이라는 것이 해방이 아니라 구속이라는 사실 때문이지요. 최후의 순간까지 사자의 정신은 열반으로 해방되기 위해 싸웁니다. 열반은 다시 태어나지 않는 것이지요. 마지막 발버둥의 단계는 산모의 자궁으로 들어가는 것을 막아서 다시 태어나지 않으려고 하는 행동처럼 보입니다. 반면 우리 서양의 가치 체계에서 가장 좋은 것은 건강하고 부유한 환경에서 다시 태어나는 것입니다.

그로프: 다양한 정신적 체계와 불교 자체에는 서로 다른 의견들이 있습니다. 최초의 히나야나Hinayana 불교도들은 육신의 존재에 가치를 부여하지 않았습니다. 물질적 영역은 죽음과 부활의 진창이고 고통의 처소였습니다. 그들의 해결책은 '혈육의 갈증'을 소멸시키는 것이고 육신의 존재로부터 해방되어 열반에 드는 것이었습니다. '열반'이라는 말은 바람vatah이라는 말과 같은 어원입니다. 문자 그대로 덧없음을 뜻합니다. 그러나 후기 마하야나Mahayana 불교도들은 세속의 삶에서 세 가지 '독소'인 무지, 욕망, 공격성을 없애면 열반에 들 수 있다고 가르칩니다.

어떤 정신적 체계들은 목표를 신과 하나 되는 것, 신과 같아지는 것으로 설정합니다. 이 문제를 저는 『우주적 게임』이라는 책에서 논했습니다. 비범한 상태의 철학적이고 형이상학적인 통찰들에 대해 기술한 책이지요. 정신적인 목적을 그런 식으로 규정하는 것은 큰 문제를 야기합니다. 신과 하나 되는 경험을 실제로 한 사람들은 이런 원리가 정신적 여행의 목적이고 최종 목적지일 뿐만 아니라 창조의 원천이라는 사실을 깨닫습니다. 이런 상태가 자기 충족적이고 완전히 새로운 형식을 완성시키는 것이라면 창조는 일어나지 못할 것입니다. 분리된 현상적 세계를 창조하는 것은 신에게 필수적인 특징입니다. 우리가 살고 있는 이 세계는 신이 준 것이지요.

둘 중 하나에 해결책이나 만족스러운 대답을 줄 수는 없는 것 같습니다. 미분화 상태인 신적인 것은 창조해야 하고, 다양성의 세계에서 분열되어 있는 의식의 단위들은 최초의 통일성으로 돌아가야 합니다. 그래서 우주적인 시스템에서 이런 역동적인 긴장을 지적으로 설명하는 것이 가능한지, 그렇다면 그것은 무엇인지라는 질문이 제기됩니다. 해결책은 주어진 실존을 열등하고 가치 없다고 거부하는 것도 아니고 거기에서 벗어나려고 하는 것도 아닙니다. 어떤 만족스러운 해결책도 세속적이고 초월적인 차원 모두를 포괄해야 합니다. 형체가 있는 세계든, 형체가 없는 세계든 다 품어야 합니다.

우리가 알고 있는 물질적인 우주는 의식의 특별한 모험을 위해 무수한 가능성을 제공합니다. 물리적인 형식과 물질적인 국면에서만 우리는 사랑에 빠지고, 섹스의 환희를 느끼고, 아이를 낳고, 베토벤의 음악을 듣고, 렘브란트의 그림을 흠모합니다. 오직 대지 위에서 우리는 나이팅게일의 노래를 듣거나 부야베스bouillabaisse와 베이크드 알래스카baked alaska의 맛을 볼 수 있습니다. 그러나 몸-자아와 하나 되는 것이 절대적인 것으로 되고 물질세계만이 오직 현실이라는 믿음이 확고해질 때, 창조에 참여하는 기쁨을 온전히 누릴 수 없습니다. 우리는 개인적인 무의미와 만물의 유한성 그리고 불가피한 죽음의 본성을 깨닫고 놀라게 됩니다.

이런 딜레마에 대한 해결책을 발견하기 위해 우리는 내면으로 돌아서야 합니다. 우리가 자신의 정체성과 우주적 지위에 대한 지식을 포함해서 실존의 초개인적인 양상에 대해 충분히 경험적인 지식을 쌓는다면, 일상의 삶은 훨씬 더 수월해지고 보람찰 것입니다. 내면적 추구가 계속될 때 우리는 곧 모든 형식의 뒤에 감춰져 있는 본질적 공허함을 발견할 것입니다. 불교가 알려주듯이 현상적 세계의 잠재석 본성과 비어 있음은 우리를 고통에서 해방시킬 것입니다. 분열된 자아에 대한 믿음과 우리 자신이 궁극적으로 가상에 지나지 않는다는 것을 깨닫는 것은 덤입니다.

라슬로: 업에 대한 생각은 의미 있고 매력적입니다. 돈오점수頓悟漸修의 사상은 정말 대단합니다. 더 높은 단계에 이르도록 매 순간 정진함으로써 삶을 개선할 수 있다는 것입니다. 정말 삶과 죽음에 대해 의미 있는 관점입니다.

그로프: 오래전에 저는 미국 상원 의원인 클레이번 펠Claiborne Pell이 조직한 학술회의에 참가했습니다. 사후에 의식의 생존은 가능한가라는 주제였습니다. 인상적인 학문적 신뢰를 쌓은 학자들과 탁월한 영성적 교사들이 참가했습니다. 진지하고 학문적인 열정으로 이 주제에 대해 발표를 했습니다. 루퍼트 셸드레이크의 발표는 죽음 뒤에 가능한 기억에 대한 것이었고, 찰스 타르트Charles Tart는 초심리학적인 연구의 중요한 자료들을 검토했고, 저는 생존의 가능성을 뒷받침하는 의식 연구의 관찰을 논의했습니다. 티베트 승려인 소기얄 린포체Sogyal Rinpoche와 대주교인 존 스펀지John Sponge는 각자의 종교적 관점에서 토론에 참여했습니다.

이 모든 발표의 결과는 사후 의식의 생존 가능성을 진지하게 다뤄야 할 만큼 충분한 증거가 있고 이 문제를 체계적으로 연구해야 한다는 것이었습니다. 예를 들어 아이들의 전생 기억에 대한 이언 스티븐슨Ian Stevenson의 발표는 인상적이었습니다. 어떤 승려가 부활했는지 확인하기 위해 티베트의 아이들이 받는다는 전생 테스트 역시 흥미로웠습니다. 임사 상태에서 몸을 벗어나는 경험에 대한 관찰도 놀라웠습니다.

라슬로: 환생 현상에 대한 해석을 놓고 이언 스티븐슨과 흥미로운 의견 교환을 한 적이 있습니다. 다른 생의 기억을 떠올리는 현상을 영혼의 환생을 뒷받침하기 위한 증거로 해석해야 한다고 생각하진 않습니다. 또한 우리는 초개인적 정보에 대한 편집증적 접속으로서 전생에서 떠오른 회상을 해석할 수 있습니다. 말하자면 타인에 대한 마음과 경험으로부터 만들어진 정보로서 해석할 수 있지요. 그런 것들은 이상하긴 하지만 오직 기억으로 나타납니다.

그로프: 어쨌든 의식의 생존 문제와 환생의 문제는 이론적 관심의 쟁점이 아니라 진지한 실천적 결과물입니다. 스스로 생존의 질문에 어떻게 대답할 수 있는지는 우리 행동에 엄청난 영향을 미칩니다. 우리가 직면하고 있는 지구적 위기에서 이런 질문이 차이를 만들어낼 수 있습니다. 삶은 한 번뿐이라는 관점은 세속적 정의를 피할 수 있고 죄와 실수를 만회한다면 더 이상 책임지지 않아도 된다는 것을 뜻합니다.

라슬로: 사람들은 생애를 바쳐 모든 특권과 쾌락을 얻기 위해 싸웁니다. 유명한 맥주 광고는 "삶은 한 번밖에 없다"고 말하지요. 이런 관점이 소비주의와 쾌락주의를 부추깁니다. 우리는 생애에서 최고의 것을 가지려고 합니다. 한 번뿐인 삶에서 그것이 전부이니까요.

그로프: 환생에 대한 우리의 믿음 역시 진지한 도덕적 함의를 가집니다. 플라톤은 죽음 너머에 아무것도 없다고 믿는 것은 '요긴한 사악함'이라고 했습니다.

러셀: 한편으로 생존의 형식을 믿는 사회는 통제나 조작의 형식으로 그것을 사용합니다. 당신 자신으로 행동하지 않는다면, 정의로운 것으

로 간주되는 삶을 살지 않거나 특정한 코드를 따르지 않는다면 차후에 처벌을 받게 될 것입니다.

그로프: 그러나 업의 개념은 보복이나 처벌을 뜻하지 않습니다. 행동으로 인한 자동적 결과를 설명하는 우주적 법칙입니다. 이 법칙을 알 수 있고 이해할 수 있고 이런 지식을 행동의 안내로 쓸 수 있습니다. 불에 너무 가까이 가면 뜨거워서 데고 뒷받침하지 않으면 무너져 내리는 것이 그런 지식입니다. 무지한 방식으로 행동하고 타인을 근본적으로 다르게 대해서 우리로부터 분리시킬 때, 우리는 물질, 가상, 고통의 세계로 더 깊이 들어가게 됩니다. 우리처럼 그들을 대할 때 하나와 정신의 세계로 나아갈 수 있습니다.

러셀: 오늘날 우리가 염두에 두는 업에 대한 생각은 최초의 의미와 사뭇 다를 것입니다. 최초에 그것은 아마도 많은 정신적 통찰처럼 단순했겠지요. 차츰 변형되고 윤색되면서 지나왔을 것입니다. 산스크리트어인 카르마는 문자 그대로 '행동'을 뜻했고, 처음에는 행동과 그 결과를 통해 얻게 되는 단순하지만 중요한 깨달음을 지칭했습니다. 텅 빈 공간에서 우리는 행동하지 않습니다. 우리의 행동은 필연적으로 파문을 만들고 그 파문의 결과에 다른 사람들처럼 참가합니다. 기독교가 말하듯이 '뿌린 대로 거두리라'입니다. 이것은 만들어낸 그대로 되갚는 어떤 우주적인 시스템을 함의하지 않습니다. 우리가 피할 수 없는 일반 원리일 뿐입니다.

라슬로: 최초의 관점은 환생의 순환이었습니다. 이번 생에서 무엇을 하든 오직 당신의 실존의 부분이고 당신의 실존은 계속 진행된다는 말이지요.

그로프: 의식의 비범한 상태에 대한 제 작업에서 환생의 문제와 관련해 서양 문화에서 성장한 사람들의 전형적인 발전 과정을 종종 봅니다. 일반적인 서양인은 한 번뿐인 삶이라는 관점에서 접근합니다. 그들은 환생을 난센스라고 생각합니다. 우리의 인생이 유한하다는 것은 확실합니다. 우리는 몸이고 의식은 뇌의 산물입니다. 물리적 몸이 사라지면 의식을 포함해서 우리도 종언을 고합니다.

그럼에도 전생의 기억이 너무도 흥미롭고 확실해서 그들은 태도를 극적으로 바꿉니다. 다른 세기와 국가에서 경험한 것이 있고, 이런 사건들에 대한 본래적인 회상을 지니고 있습니다. 이 과정에서 우리는 과거로부터 넘어온 정서적이고 심신증적인 문제를 이해할 수 있습니다. 이런 경험들은 다른 역사적 시기와 문화에 대한 비범하고 새로운 정보에 접속할 수 있게 만듭니다.

이 모든 사실들 때문에 초개인적 경험을 가진 개인은 환생을 심각하게 취급할 이유를 가지게 됩니다. 현생의 사건들보다도 더 중요해 압도당하기도 합니다. 유아기와 유년기에 겪는 트라우마적인 사건들은 이후의 삶을 왜곡시키고 오염시킬 수 있습니다. 인습적인 심리 치료가 다루는 문제입니다. 트라우마적인 패턴은 한 번의 생에서 생긴 것이 아니라 지속적인 환생의 사슬을 통해 오염된 것처럼 보입니다. 이 사실을 깨닫게 되면 사람들은 '업 사냥꾼'이 됩니다.

무슨 일이 일어날까요? 일시적이고 공간적으로 제한된 존재, '한 번만 사는 몸-자아'로 자신들을 이해했던 사람들이 선형적 시간의 한계에 대한 자신의 경험을 초월합니다. 이런 경험들은 그들에게 전생이 있고 미래에도 환생할 것이라는 사실을 확신하게 만듭니다. 그럼에도 이런 믿음을 유지하려면 그들이 타인과 공간적으로 분리되어 있다는 것을 계속 확신해야 합니다. 분리되어 있지 않다면 업도 없을 것입니다.

계속 경험할수록 우리의 정체성이 분열되어 있다는 생각이 하나의 가상이라는 것을 믿게 될 수 있습니다. 만물과 만인을 포함하고 있는 우주적 의식의 통일장에 자기가 속해 있다는 것을 깨닫게 되는 것입니다. 그러다가 업을 더 이상 믿지 않게 됩니다. 왜냐하면 업에 대한 이야기가 마야maya의 산물로서 우주적 가상이라는 사실을 알게 되기 때문입니다. 환생에 대한 생각이 부조리하게 보이는 그런 의식의 상태에 있을 수 있다는 것을 알기 때문입니다. 그들은 어떤 종류의 경험이 업의 중요성을 확신하게 한다는 것을 깨닫습니다. 그 단계까지도 넘어서는 경험을 하는 것이지요. 업에 대한 어떤 모호한 대답도 없습니다. 의식의 진화 단계에 전적으로 의존할 뿐이지요.

라슬로: 더 높은 단계에 이를수록 다양한 업이 있을 것 같습니다. 일생에서 쌓는 업에 따라 접속할 수 있는 단계의 수준이 달라지는 것이지요. 어떤 의미에서 우리는 업을 쌓는 정도에 따라 내생을 선택할 수도 있겠습니다.

그로프: 티베트 바즈라야나Vajrayana에는 높은 수준의 승려들이라면 죽음과 환생 사이에 존재하는 상태인 중유bardo의 기간 동안에 완전한 의식을 유지할 수 있다는 이야기가 있습니다. 사람들은 언제 어디에서 누구로 그들이 다음 생에서 다시 태어나는지 예언하거나 결정할 수 있다고 합니다.

저는 환생을 이야기할 때 충분히 강조하지 않았던 것을 언급하고 싶습니다. 전생 경험의 본질적 특징은 회상에 내재한 본래적 감각입니다. 이런 일은 저에게 처음이 아닙니다. 전생에서 제가 실제로 어떤 사람이었다는 것을 기억합니다. 다른 시간과 장소로 우리를 데려가는 경험들이 있습니다. 우리는 또한 인간의 역사를 구성하는 다른 시간과 장소에서 일어나는 무엇을 경험합니다. 그러나 이런 것은 개인적 기억의 요소는 아니지요. 예를 들어 자신을 잉카의 사제로서 로마 병정으로서 또는 술 취한 멕시코 여성이라고 생각할 수 있습니다. 그러나 그런 경험은 그 대상에 대한 개인적 관계를 의미하는 것이 아닙니다. 융이 말하는 집단 무의식을 들여다보는 창문이라고 할 수 있습니다.

현대물리학은 세계의 사물들은 분리되어 있지 않고 우주는 하위 원자적 과정의 통일적 그물망이라는 것을 보여줬습니다. 일상에서 우리는 자신의 삶, 몸, 자아에 대한 특별한 기입의 감각을 가지고 있습니다. 자기 탐색의 과정이 집단 무의식에 도달하면 역사를 통해 수립된 인간의 역사가 곧 우리의 삶이 되는 것입니다. 앞서 언급했듯이 마지막 분석에서 오직 한 명의 영웅을 가질 수 있습니다. 절대적 의식이라거나 브라만이라거나 도라거나 무엇이라고 이름 붙이든 그 주인공을 우리는 찾습니다. 그러나 이런 삶에 대한 특별한 기입의 느낌을 가지고 그것을 '우리의 전생'으로서 경험합니다. 자아를 소멸시키는 것이 아니라 분열된 정체성의 잔재를 움켜쥐는 것입니다.

라슬로: 당신은 물리적 죽음을 넘어 부활할 수 있는 의식의 통합적 묶음이 있다는 증거가 전생 경험이라고 보십니까?

그로프: 아닙니다. 꼭 그렇게 생각할 필요가 없습니다. 예를 들어 힌두교에서 환생의 교리는 일반적인 의미에서 믿음이 아닙니다. 실체가 없거나 근거 없는 견해이지요. 오히려 실용적인 문제입니다. 더 많은 비범한 경험과 관찰을 위한 개념적 틀을 제공하려는 하나의 시도일 뿐입니다. 그러나 힌두교의 전통에서도 분열된 의식이 사실상 같은 것이고 지속된다는 믿음은 있습니다. 물론 이때 많은 생애에 걸쳐 같은 의식이 반복적으로 환생한다는 생각은 사실에 대한 낮은 수준의 원시적

해석으로 간주될지도 모릅니다.

훨씬 섬세한 힌두교의 가르침에 따르면 실제로 환생할 수 있는 존재는 오직 하나입니다. 바로 브라만이 그 존재이지요. 하나의 이야기에 한 명 이상의 주인공을 상정하는 이야기는 여전히 우주적 가상 또는 마야의 영향에 있다는 뜻입니다. 실존은 통일적 장이고 그 안에서 경험하는 경계는 궁극적으로 상대적이고 초월할 수 있습니다. 우리는 분리된 몸-자아로서 아니면 전체라는 인류로서 또는 생명 영역 전체로서 자신을 경험할 수 있습니다. 그러나 궁극적으로 이 모든 경계들은 제멋대로 정해진 것이라서 언제든 바꿀 수 있습니다.

의식

라슬로: 현대사회에서 사람들이 자신들을 경험하는 방식은 20세기에도 여전히 큰 변화를 초래하고 있습니다. 여기에서 자신을 경험한다는 말은 인간존재라는 것을 의미하겠지요. 그러나 인간존재에 대한 대중적 이미지는 이 작고 외로운 행성이 아니면 어디에서 살고 있을지 모르는 것 같습니다. 오늘날 인간존재는 어떻게 비치는 것일까요? 특히 의식의 본성과 관련해서 어떻게 보이는 것일까요? 이런 질문에 대한 대답은 구체적인 환경에서 사람들이 행동하는 방식을 결정할 것입니다.

러셀: 우리가 누구인지에 대한 이미지는 이미 변화하고 있습니다. 오래된 모델은 인간존재가 다른 피조물과 다르다는 것입니다. 다른 동물들과 달리 의식을 가졌기 때문에 우리는 특별하다는 것이지요. 이런 관점은 과학적 주류뿐만 아니라 고전적인 기독교의 주장입니다.

이런 관점은 다양하고 어려운 질문을 제기합니다. 인간을 의식적인 것으로 만드는 것은 무엇일까? 어떻게 의식이 무기물에서 발생하는 것일까? 관심을 끌고 있는 새로운 관점은 우리와 다른 피조물을 구분하는 것이 의식 자체가 아니라 의식의 정도degree라는 것입니다.

개를 예로 들어봅시다. 개는 고통을 느끼는 것처럼 보입니다. 수술할 때 마취제를 놓는 것도 그 때문입니다. 개는 잠잘 때 꿈을 꾸는 것처럼 보입니다. 사람들과 장소들을 기억하기도 합니다. 목적의식을 가지고 행동할 수도 있습니다. 개는 의식적이지 않다거나 경험의 내면세계를 가지고 있지 않다고 말하는 것은 마치 길 건너에 사는 이웃이 의식적이지 않다고 말하는 것이나 마찬가지입니다. 우리가 개와 다른 지점은 의식 자체가 아니라 그 안에서 이뤄지는 것의 차이입니다. 우리 인간은 언어를 통해 생각하고, 판단하고, 살고 있는 세계를 이해할 수 있습니다. 미래를 생각해서 결정을 내리고, 우리 자신을 인식하고, 우리가 의식적이라는 사실을 자각할 수 있습니다.

개에게 적용할 수 있는 것은 다른 포유류에도 적용할 수 있습니다. 고양이, 말, 돌고래는 모두 세계에 대한 내면적 경험을 가지고 있습니다. 새, 뱀, 개구리, 물고기도 마찬가지라고 생각됩니다. 녀석들은 모두 뇌, 척수, 감각기관을 가진 척추동물입니다. 기본 구성이 우리와 비슷하지요. 문제는 왜 인간이 의식적인가가 아닙니다. 진화의 나무에서 어디까지 의식성이 내려갈 수 있는지가 문제입니다.

저는 선을 긋는 것에서 어려움을 느낍니다. 곤충도 비슷한 신경계를 가지고 있습니다. 그렇다면 신경 반응은 우리 의식에서 작은 결절 정도에 불과하기에 의식이 아니라는 말인가요? 아마도 신경계가 의식을 생성하는 것은 아닐 것입니다. 의식을 확장한다고 해야겠지요. 하나의 세포는 의식의 기초 형식을 이룹니다. 우리가 알고 있는 경험의 풍부함과 비교할 만한 것은 없습니다. 그렇다고 다른 동물들이 아무것도 경험하지 못한다고 말할 수 있을까요?

이런 관점에서 진화하는 것은 의식 자체가 아닙니다. 의식 능력은 삶의 부분입니다. 반복하자면 생명의 진화는 의식의 정도를 결정합니다.

라슬로: 우리가 윤리와 도덕성의 맥락에서 고통과 즐거움을 느끼는 것에 대해 이야기할 때 마음에 둔 것이 바로 이것입니다. 저는 분자와 원자가 내면성을 가지고 있다는 것을 확신합니다. 내면성이란 주관적인 감각을 닮은 요소입니다. 물론 이런 개념은 새로운 것이 아닙니다. 동서양을 막론하고 철학사에서 이미 익숙합니다.

진화의 과정에서 명쾌함의 정도에 맞춰 구체적으로 실현되는 보편적 의식은 미래를 더 낫게 만들 수 있을까요?

러셀: 의식의 보편적 본성을 이해하기 위해 유용한 비유를 들자면 캔버스에 그린 그림입니다. 그림은 사용하는 색채, 붓의 질감, 예술가의 영감에 좌우됩니다. 그러나 어떤 그림을 그리든, 단순하게 그리든 복잡하게 그리든 캔버스는 동일합니다. 그리고 캔버스는 꼭 필요합니다. 캔버스가 없으면 그림도 없습니다. 마찬가지로 의식의 능력도 모든 경험의 전제 조건입니다. 다양한 것은 의식에 나타나는 이미지들입니다. 가장 단순한 피조물은 현실에 대한 가장 단순한 그림을 경험합니다. 진화한 감각기관을 가진 피조물은 주변 세계를 더욱 자세하게 경험할 수 있습니다. 더 풍부한 세상의 이미지를 마음에 그릴 수 있는 것입니다. 훨씬 복잡한 신경계는 감각적 데이터를 더 깊게 처리하고 훨씬 더 통합적으로 현실에 대한 그림을 그립니다.

인간의 의식이 다른 동물의 의식보다 더 풍부한 이유는 말하기의 능력을 가지고 진화했기 때문입니다. 우리는 말로 소통할 수 있습니다. 언어는 다양한 우리의 경험을 알릴 수 있는 상징입니다. 우리가 경험을 서로 공유할 수 있다는 것이지요. 개도 세계를 나름대로 경험할 수 있습니다. 그러나 지식을 쌓으려면 바닥에서부터 시작해야 합니다. 인간은 자기 자신의 경험으로부터 배울 뿐만 아니라 타인의 경험으로부터도 배웁니다. 결과적으로 우리는 개인이 이룩할 수 없는 지식의 집단적 본체를 세웁니다. 우리가 교육이란 것을 하는 이유입니다. 우리는 타인과 이해를 나누고 싶어 하고 그 이해는 타인이 배운 것으로부터 수혜받은 것입니다.

그러나 아마도 가장 큰 언어의 이점은 생각하는 능력일 것입니다. 우리는 말로 의사소통을 할 뿐만 아니라 언어를 내면화해 마음속에서 말로 생각합니다. 이를 통해 생각하고 과거를 회상하고 미래를 상상하고 결정하고 경험을 되새길 수 있습니다. 이로부터 자기의식도 발생합니다. 우리는 우리가 인식하고 있다는 것을 인식합니다. 우리는 우리가 의식하고 있다는 것을 의식합니다.

라슬로: 의식하고 있는 것을 의식하는 능력, 다시 말해 '성찰적 의식'이라고 부르는 것은 경험의 새로운 차원을 열어젖힙니다.

러셀: 우리 의식의 자기 성찰적 본성은 신성한 것으로 열려 있습니다. 모든 지각 있는 존재에게 공통된 한두 가지 형식의 지각 능력은 신이라는 신비로운 개념에 가까운 것입니다. 유사 이래 다양한 문화권의 신비주의자들은 자아와 신이 개인적인 동일성에 연결되어 있다고 주장했습니다. 힌두교 철학에서 의식의 본질인 아트만은 모든 존재의 본질이자 원천인 브라만입니다. 기독교 전통에서 그런 통찰은 나는 신이라는 외침으로 나타납니다. 이로 인해 많은 신비주의자는 교회와 갈등을 빚었습니다. 신비주의적 진술이 이단으로 취급됐기 때문입니다.

현재 과학은 이런 보편적인 의식의 본성에 주의를 기울이지 않습니다. 여전히 공간, 시간, 물질을 현실이라고 생각하는 낡은 모델에 집착합니다. 의식은 이런 현실에서 등장한다고 여깁니다. 그러나 과학이 의식이라는 주제를 더 진지하게 다루기 시작하고 있습니다. 따라서 공간, 시간, 물질 못지않게 의식을 중요한 것으로 여기는 새로운 패러다임을 발전시켜야 합니다. 그러면 종교가 수천 년 동안 가리켜왔던 것을 새롭게 이해할 수 있는 길이 열릴 것입니다. 신은 '하늘에 있는 아버지'라는 고전적인 신이 아니라 세계에 대한 과학적 이해와 완전하게 연결되는 신입니다. 그때 비로소 진정 흥미로운 이동이 일어날 것입니다. 이동은 아직 일어나지 않았습니다. 그러나 앞으로 나아가고 있다고 믿습니다.

그로프: 주류 물질주의적 과학을 완고하게 대표하는 이들은 러셀이 이야기하는 것들을 심하게 반대할 것입니다. 예를 들어 의식의 능력이 모든 생명이나 모든 창조에 퍼져 있다거나 우리의 가장 깊은 본질은 신이라는 말에 동의하지 않을 것입니다. 노버트 위너Norbert Wiener가 사이버네틱스의 기본 원리를 공식화했을 때 극단적 진술들이 나왔습니다. 예를 들어 존재에 대한 어떤 주관적 개념 없이도 토끼를 쫓는 능력을 가진 기계적 여우를 만들 수 있다고 했습니다. 모든 동물이 그처럼 주관적인 인식도 없고 자극과 반응의 복잡한 연결을 통해 추동되는 기계 시스템이라는 생각이었습니다. 물론 인간의 의식을 거부하는 것은 어렵습니다. 우리 모두 그것을 경험하기 때문이지요.

우리가 말하고 있는 것은 모호한 형이상학적 가설이나 유사 철학적 사변이 아닙니다. 물질주의적 비판가들이 고려하지 못하는 것은 이런 주장을 뒷받침할 만한 경험적 증거들을 다수 확보하고 있다는 사실입니다. 앞서 말했듯이 비범한 상태에서는 다른 생물 형태와 의식적 동일화를 이루는 것이 비일비재합니다. 심지어 바이러스와 식물, 더 나아가 무심한 것처럼 보이는 우주의 다양한 양상과 하나가 될 수 있습니다. 이것이 우리 주변을 둘러싼 모든 것에 의식이 있다는 직접적인 증거는 아니라고 주장될 수 있습니다. 그러나 최소한 초개인적 경험은 그 가능성이 매우 실재적이라고 제시합니다. 비슷하게 우리와 신의 유사성을 경험할 수 있다는 사실은 부정할 수 없고, 현대의 의식 연구를 통해 계속해서 확인되고 있습니다.

저는 존재, 자연 그리고 이런 경험의 내용을 냉정하게 물질주의적으로 설명할 수 있는 확실한 이론을 상상할 수 없습니다. 결정적인 질문은 지난 이틀 동안 라슬로가 제기했습니다. 이런 경험의 기원과 상태에 대한 질문 말입니다. 이 경험은 현실의 본성에 대한 심오한 진리를 드러낼 수 있을까요, 아니면 그냥 환상이거나 망상일까요? 이 매력적인 현상을 40년 동안 연구하면서 제가 확신한 것은 그 경험들이 진지하게 취급되어야 한다는 것입니다.

전통적인 학문은 인간존재를 고도로 발달한 동물이자 생물학적인 사유 기계로 기술합니다. 매일 이뤄지는 의식의 상태에 대한 경험과 관찰은 우리야말로 원자, 분자, 세포, 조직, 기관으로 만들어진 뉴턴적인 대상이라는 사실을 보여줍니다. 그럼에도 초개인적 경험은 우리 각자가 의식의 무한한 장의 속성을 드러내 보일 수 있다는 사실을 증명합니다. 이 장은 공간, 시간, 선형적 인과성을 초월합니다. 완전히 만들어진 새로운 공식, 현대물리학에서 파동-입자에 대한 상상은 인간을 두 가지 보완적 양상을 가진 역설적 존재로 묘사할 것입니다. 바로 뉴턴적인 대상과 의식의 무한한 장의 두 속성을 가진 인간 말입니다. 관찰이 이뤄지는 의식의 상태에 따라 그 타당성은 결정될 것입니다.

라슬로: 흥미롭게도 지난 몇 년 동안 '의식'은 '마음' 또는 살아 있는 유기체와 관련한 감각이나 주체성으로 불리던 것을 대체하게 됐습

니다. 초창기 문학에서 의식은 자기 인식이라는 독특한 인간 능력을 의미했습니다. 이런 맥락에서 우리는 특정하게 인간적인 것에 대해 이야기할 수 있습니다. 왜냐하면 자기 성찰적인 의식의 위치는 뇌의 신피질이고 신피질은 인간 종에 조응해서 만들어진 것이기 때문입니다. 비록 고도의 영장류는 진화의 경로를 따라 그렇게 된 것처럼 보이지만 말입니다. 그럼에도 성찰적인 의식과 동일하지 않은 주체성은 느낌의 감각을 가집니다. 저는 이것이 자연에 존재하고 진화하는 모든 시스템과 연관되어 있다고 믿습니다.

러셀이 지적했듯이 자연에서 주체성의 특성을 재단할 합리적인 지점은 없습니다. 개가 주체성을 가지고 있다고 주장한다면 쥐도 그렇다고 이야기해야 합니다. 그리고 그 범위는 점점 넓어질 것입니다. 가장 단순한 유기체는 주체성을 가진 것으로 보아야 합니다. 그렇다면 그 유기체를 구성하는 고분자, 분자 그리고 원자도 의식을 가졌다고 할 수 있습니다. 의식의 씨앗은 우주에서 현시되어야만 합니다. 의식은 어디에나 있습니다.

러셀: 그렇습니다. 의식은 물질, 공간, 시간만큼 우주의 근본적인 것입니다. 절대적인 근본성이지요.

라슬로: 의식은 시간과 진화의 과정에 따라 더욱더 특정됩니다. 우리의 뇌와 몸이 자연에 편재하는 의식의 씨앗을 자기 성찰의 능력으로 발전시킨 것은 우리 종의 놀라운 성취입니다. 몸 너머에 있는 세계를 그리는 것이 아니라 세계를 그린 그림을 다시 그리는 데 적합한 모니터를 추가한 것이지요.

러셀: 그것이야말로 인간을 특별하게 만드는 것입니다. 우리는 자기

성찰적인 의식을 가지고 있습니다. 다른 피조물이 이런 능력을 가졌다고 생각하지 않습니다. 개와 고양이 같은 피조물은 우리처럼 생각하지 않습니다. 돌고래와 고래는 그럴지도 모르지만 우리는 녀석들의 마음에 무슨 일이 일어나고 있는지 거의 알지 못합니다.

라슬로: 동의합니다. 우리가 개인적인 정체성을 가진 까닭도 그 때문이지요. 자기 인식을 하는 순간 우리는 자신을 세계의 일부로 바라볼 수 있습니다. 물론 우리는 실수를 해서 자신을 세계와 다르거나 분리된 존재로 보기도 합니다. 우리는 "이것이 나다, 이것이 나를 둘러싸고 있는 피부다"라고 말할 수 있습니다. 다른 어떤 것도 내가 아닙니다. 우리는 내가 아닌 모든 것을 나와 근본적으로 다른 것이라고 볼 수 있습니다. 그러면 우리는 이기주의의 수렁에 빠지고 맙니다. 모든 한계와 제한에 갇힙니다. 우리 자신의 마음과 의식과는 다른 무엇을 최종적으로 알 수 있을까요? 물질주의적 관점에서 본다면 자기 성찰적 자아는 세계와 근본적으로 분리됩니다.

그로프: 그러나 체계적인 깊은 자기 탐색과 관련된 사람들은 명상, 경험적 심리 치료 또는 환각의 책임 있는 사용 같은 의식의 비범한 상태를 이용해서 뚜렷하고 통일적인 관점 또는 자기 자신과 현실에 대한 전망을 발전시키는 경향이 있습니다. 영성적 비상 상태 또는 임사 체험 같은 강력하고 자발적인 경험을 해본 사람들도 마찬가지입니다. 이 새로운 삶에 대한 태도의 기본 성격은 타인, 다른 종, 자연에 대한 깊은 유대감, 행성의 미래에 대한 염려, 보편적이고 만물을 망라하는 자연의 영성입니다. 재생 가능한 에너지 자원으로 방향을 전환하고, 깨끗한 환경을 만들고, 자연의 순환 구조로 복귀하고자 하는 것도 포함됩니다. 달리 말하면 지속 가능한 미래를 위한 활동으로 방향을 잡게

됩니다.

러셀: 언어와 사유는 우리에게 자아의 감각을 부여합니다. 그러나 우리 대부분은 반쯤 깨어 있고 우리가 진정으로 누구인지 반쯤 알고 있을 뿐입니다. 이런 상태야말로 장애입니다. 앞서 논의했듯이 우리는 정체성의 감각을 우리가 하는 것, 우리가 가진 것, 타인이 우리를 인식하는 방식, 세계에서 수행하는 우리의 역할에서 끌어내려는 경향이 있습니다. 이런 정체성은 매우 연약하고 지속적으로 주변 상황에 휘둘립니다. 이렇게 끌어낸 정체성의 감각을 유지하고 지속시키려는 노력은 부적절하고 파괴적인 행동 방식으로 우리를 이끕니다. 영성적인 전통은 더 깊은 자아의 감각으로 깨어나야 하고 자신이 진정 누구인지 깨달아야 한다고 권고합니다. 그래야만 진정한 자유를 발견할 수 있다는 것이지요.

이런 관점에서 영성적인 실천은 언어의 장애를 극복하고 지각을 가진 존재로서 진정한 잠재력을 계속 실현할 수 있는 방법으로 여겨집니다.

그로프: 러셀의 이야기를 듣다 보니 오래전 어느 사람과 나눈 토론이 생각나는군요. 환각 경험을 통해 자기 삶에 내재한 심오한 의미를 깨달은 사람이었습니다. 그는 일생 동안 해온 것들이 진정하지 않았고 불만족스러웠다는 사실을 알았습니다. 진심이 전혀 없었던 것이지요. 그의 삶 대부분은 충족되지 않는 부모의 꿈과 기대에 끌려다녔습니다. 기대에 부합해야 한다는 생각으로 주눅 들어 있었습니다. 그는 또한 문화를 통해 주어진 프로그램대로 살아왔고 상호 시선의 압박과 외부적인 환경에 맞춰 행동해왔습니다.

우리 삶에서 가장 중요한 것은 우리의 '한련화旱蓮花 의식'을 찾는 것이라고 그가 제게 말했습니다. 처음에 저는 그 용어의 의미가 무엇인지 몰랐습니다. 그가 만든 용어였기 때문이지요. 그는 분명하게 설명해줬습니다. 그렇습니다. 굳이 한련화라는 식물이 아니어도 됩니다. 다른 꽃이나 식물이라고 해도 무방합니다. 어쨌든 한련화는 대지와 태양과 비와 직접적으로 연결되어 있습니다. 해야 할 일을 하고 있는 것이지요. 한련화는 장미가 되기를 열망하지도 않습니다. 웨딩 부케나 샐러드로 생을 마감하는 것을 걱정하지 않습니다. 토끼에게 먹히거나 소에게 밟히는 것도 신경 쓰지 않습니다. 그는 계속 말했습니다. 삶의 환경을 통해 강제된 진정하지 않은 모든 프로그램 뒤에 우리 각자를 위한 우주의 대본이 놓여 있는 것을 느꼈다고 합니다. 그것이 바로 그가 말한 한련화 의식이었습니다. 그것이 무엇인지 깨닫고 지도 원리로 사용하면 우리의 삶은 창조적이고 충만하고 수월해진다는 것입니다. 조지프 캠벨은 이것을 일컬어 '자신의 축복을 따르기'라고 했습니다.

라슬로: 성찰적인 의식을 가지자마자 우리는 경험에 의미를 부여하는 능력을 가지게 됩니다. 물론 이 의미는 물질주의적인 서양의 상식과 다른 것입니다. 살아 있는 존재가 이런 의식을 가지지 않을 때 그것은 그냥 경험입니다. 경험은 자체로 의미를 가집니다. 저는 개나 다른 동물이 사물을 직접적으로 인지할 뿐 그것을 성찰하지 않는다고 생각합니다. 이것이 중요한 결과이지요. 동물이 실수를 한다면 자연선택이 그것을 바로잡을 것입니다. 예를 들어 토끼가 뱀을 막대기로 계속 착각한다면 토끼는 금방 멸종되어버리겠지요. 그런데 우리 인간은 자기 자신이나 환경을 보는 관점에서 계속 우를 범하고 보상합니다. 그런 보상은 잘못을 교정하는 것이 아니라 실수를 실수로 보는 것을 어렵게 만듭니다. 결과적으로 우리는 우리 자신과 세계에 대한 많은 다양한 관점을 가질 수 있고 그중 일부는 다른 것보다 우리의 생존과 관

련해 훨씬 기능적입니다.

물론 기능성을 넘어서 궁극적으로 무엇이 진리인지 묻는 철학적이고 형이상학적인 질문도 있습니다. 이런 질문을 제기하는 것은 확실한 대답을 기대하는 것이 아니라 인간적인 술어를 위한 것입니다. 우리는 자신의 인식과 해석 없이 세계를 볼 수 없기 때문에 오직 지도만을 가질 수 있을 뿐 원래의 현실에 바로 직입할 수 없습니다. 그러나 명백하게 어떤 세계관과 개념은 살아남는 데 있어 실천력이 있고 다른 것보다 발전적입니다. 훨씬 더 진실하기도 합니다. 이런 '더 나은' 해석을 앞으로 옮기는 것이 우리의 관심입니다. 그 해석은 우리가 궁금하게 여기는 궁극적인 질문들에 대한 가장 지속적이고 통찰력 있는 대답을 제공합니다.

동시에 우리는 다가오고 있는 의식이 진정한 진화의 단계라는 사실을 발견했습니다. 이 단계를 통해 우리 자신과 세계의 근본진리로 다가갈 수 있습니다. 현대인의 문화유산을 이루는 부분이지만 물질주의적 과학과 기술적 문명 때문에 무시되거나 억압된 진리 말입니다. 지금 사회뿐만 아니라 과학은 진화적 도약의 도전에 직면해 있습니다. 따라서 우리에게 열려 있는 관점은 삶, 우주, 의식에 대한 깊은 통찰의 발견과 재발견을 포함합니다. 살아 있어야 하는, 대화하고 행동해야 하는 흥분되는 시간입니다.

시간이 너무 늦었습니다. 대화를 끝마치고 떠나야 할 때가 됐군요. 우리는 흥미로운 이틀을 함께 보냈습니다. 모든 쟁점을 아우르는 토론이 있었습니다. 개인의 발전에서 인류의 진화까지 이야기를 나눴습니다. 세계 평화의 기회와 관련된 질문에서 시작해 우리의 의식혁명만이 핵심이라는 결론으로 계속 돌아왔습니다. 우리의 개인적이고 집단적인 생존과 발전뿐만 아니라 세계 평화에도 의식혁명은 필수적입니다. 우리가 주목한 문제들은 심각하고 도전적인 것입니다만 우리는 수동적인 염세주의에 안주하지 않았습니다. 우리는 지평선에서 밝은 희망을 찾았습니다. 인간의 가치, 사유, 관점에서, 그리고 의식에서 실제로 일어나고 있는 변화가 그 희망이었습니다. 이것을 우리는 '의식혁명'이라고 불렀습니다. 우리는 이 현상을 우리 시대의 긍정적 신호로 간주했습니다. 이 신호는 생물학적이면서 문화적인 인간 종이 심각하지만 흥분되는 이 시대가 제기하는 위협과 도전에 반응하고 있다는 의미입니다.

발문: 더 깊은 성찰을 위해

어빈 라슬로가 이 흥미로운 책과 관련해 더 생각해볼 것을 써달라고 부탁했을 때, 내 어린 시절을 돌아보는 사적인 논평을 쓰고 있었다. 『의식혁명』은 소살리토와 샌프란시스코에서 어빈 라슬로, 피터 러셀, 스타니슬라프 그로프가 나눈 대담을 기록한 책이다. 내 기억에 소살리토는 샌프란시스코 마켓 가Market Street에서 출발하는 카페리의 종착지였다. 주말에 마켓 가에서 카페리를 타려면 끝이 보이지 않는 긴 줄에서 몇 시간이고 기다려야 했다. 비교적 순수했던 그 시절에 수만 명의 샌프란시스코 사람들이 배낭을 메고 뮤어우즈Muir Woods와 타말파이어스 산Mount Tamalpais으로 떠났다. 수직 피스톤을 장착한 재미있는 기관차가 지붕 없는 열차를 끌고 올라갔다가 내리막길에서는 저절로 미끄러져 내려갔다. 이런 기억은 일생 동안 나를 사로잡은 문제로 돌아가게 했다. 『의식혁명』을 읽으면서 그 문제가 내 의식 속에서 되살아난 것이다.

나는 우리가 실제로 '무의식적'인 상태가 됐다고 믿는다. 이런 마음의 상태를 바꾸는 일은 새로운 의식의 차원을 획득한다고 되는 것이 아니다. 우리에게 요구되는 것은 자기를 보호하기 위해 입은 자기의식적 갑옷을 벗는 일이다. 그러고 나서는 우리가 그 일부를 이루는 전체와의 관련성을 탐색하기 위해 거의 무의식적인 상태로 돌아가는 것이다.

지금 우리가 거의 피할 수 없다고 느끼는 집단적 자살을 방지하기 위해서는 그 자체로 우리 안에 있는 잠재력이 스스로를 드러내도록 만드는 법을 배워야만 한다. 우리는 인간이라는 종의 기억, 유전적 구조, 무한성에 대한 보편적 인식, 우리 자신에 귀 기울일 수 있는 능력을 가지고 태어난다. 우리는 청각과 시각의 사용법을 배운다. 이 감각들은 예술과 음악을 이해하고 창조할 수 있는 능력을 부여한다. 우리는 지식과 기술을 습득하면서 지적으로 발전하고 일생을 통해 최고의 능력을 표현함으로써 진보한다. 그러나 우리는 내면에 있는 무한의 감각을 어떻게 표현하는지 모른다. 우리는 자신과 세계를 완전히 통제하기 위해 도저히 그렇게 할 수도 없으면서 만질 수 있고, 실체적이고, 강력한 무엇으로 그것을 바꾸려고 한다.

야망을 타락시키지 않고 영원의 감각을 전달할 수 있는 유일한 방법은 예술적이고 창조적인 표현, 무한하게 아름다운 예술 작품의 창조뿐이다. 이것이야말로 어떻게 창조성이 삶의 조야하고 역겨운 양상을 구해낼 수 있는지 알 수 있는 사례다. 예술과 겸손이 없다면 무한의 감각은 지배와 총체적 통제를 지속적으로 요구할 것이고 자기표현의 기회를 거의 갖지 못할 것이다. 자기중심적 자아가 모든 것을 장악하려 들면 힘을 향한 우리의 갈망은 끝이 없다. 개인은 '기계의 톱니바퀴'에 불과한 것으로 보일 수도 있지만, 자아 너머에서 우리는 살아 있는 세포의 비밀에 대한 지식을 가지며 전체와 신비주의적으로 하나 되는 가능성에 대한 믿음을 가진다.

이런 믿음이 무의식적이라고 할지라도 우리 모두는 신적인 경험으로 돌아가는 것을 갈망한다. 신성으로 돌아가는 것은 일종의 희생 제의다. 신을 달래기 위한 자기희생의 행위는 우리보다 '원시사회'에서 많이 볼 수 있는 특징이다. 오늘날 우리의 신은 맘몬Mammon이다. 돈과 상품 판매가 바로 신이고 우리의 희생은 지구적이다. 예를 들어 민족주의적 감정은 신성한 상징과 교리를 보호하기 위해 사람들로 하여금 자기와 타인의 희생이 의무라고 믿게 독려한다. 이를 통해 민족주의는 신성한 의미를 부여받는다. 여성과 아이들은 여전히 가장 많이 희생되고 있다. 과거의 희생 제의처럼 엄격한 방식은 아니지만 여전히 끔찍한 규모로 이들이 희생되고 있다. 어떤 곳에서 이슬람 아이들은 죽음이란 것이 가장 큰 보상이라고 믿는다. 죽음을 향한 질주는 능숙하고 믿음직한 살인자가 되는 막다른 길로 아이들을 내몬다. 우리는 안에 내재한 신, 복종, 이상의 부름을 듣고 있지만 이 모든 것은 의식적인 악마에 조직적으로 봉사하고 있다. 우리는 보편적 통일성의 원리를 잘 안다. 그러나 우리는 그 원리를 가장 끔찍한 목적을 위해 사용한다. 가장 무지하고 편협하고 자해적인 결과로 치닫는 것이다.

희생자를 보호하고 범죄자를 재교육하거나 구원하는 대신 처벌에 기초한 사법제도는 완전히 잘못됐다. 처벌은 교육이나 개선에 아무런 도움을 주지 못한다. 정도만 다를 뿐인 처벌을 강제하는 법은 거의 쓸모가 없다. 그것은 마치 해독 불가능한 법전을 해석하는 변호사 집단과 장단점에 따라 각 사건을 판단하는 인간적으로 자격 미달인 배심원들과 다름이 없다. 뉘른베르크Nuremberg 이래로 세계 법정을 세우려는 노력이 있었지만 단지 잘못된 것을 막는 것으로만 겨우 우리의 삶을 구하고 세계 문명과 문화를 보호할 수 있을 뿐이다.

우리의 천연자원은 특정한 수준의 인구만 유지할 수 있을 정도에 불과하다. 억압받고 약하고 병들고 덜 교육받고 위태롭고 능력도 다른 사람들을 대표하는 훨씬 더 포괄적인 민주주의에서조차도, 우리는 더 강하고 더 무자비하게 음식과 땅, 물, 다른 천연자원을 움켜쥐려는 욕망을 막지 못한다. 인도주의적 차원에서 보자면 우리는 공감, 죄의식, 복종, 도덕적 코드, 종교라는 광범위한 원천을 가지고 있다. 실질적으로 돈은 민주적 힘이다. 왜냐하면 인종이 다른 누가 가지더라도 달러는 달러이기 때문이다. 그러나 민족 전체를 모두 사들이는 짓은 돈을 남용하는 것이다. 활동적이고 직접적인 관계를 독립적으로 만들기 위해 돈을 사용하지 않는 지역을 만드는 것이 본질적이다.

광범위한 광고, 정치, 종교의 선동은 서로 비슷하다. 그들의 수법은 동일하고 조작과 호도를 일삼는다. 결코 이뤄질 수 없는 약속을 남발한다. 예를 들어 중국과 미국은 자연과 인간 자원을 착취하고 통제하기 위해 힘을 축적한다. 이렇게 가차 없는 상황의 압박이 지속된다면 결론은 전쟁뿐이다. 우리의 가장 나쁜 성향이 이론적으로 정당화되거나 이상적인 것을 통해 그럴싸한 것처럼 받아들여져서 그것을 실현하는 것 외에 선택의 여지가 없다면 우리는 양심 앞에 홀로 서야 한다.

의학, 심리학, 농업, 영양학, 기술 공학, 의사소통, 여가 시설에서 이뤄진 놀라운 발전에도, 인간은 '배터리' 같은 존재로 전락했고 동시다발적인 원인과 원천으로 인해 우리 종은 과거의 세계적인 전염병에 버금가는 규모로 소멸할지도 모른다. 실제로 이미 파산, 실업, 질병, 기근, 사회적 혼란이 미국보다 덜 부유한 나라는 물론 미국에서도 만연해 있다. 개인적이고 지구적인 수준에서 살아남으려면 가치의 새 질서가 필수적이다.

그렇다면 문제는 무엇인가? 우리는 방사, 복수, 파괴, 심리적 상처로 인해 초래되는 부정적인 결과를 유발하지 않는 가장 인간적인 방식을 선택할 수 있을까? 우리는 우드로 윌슨Woodrow Wilson식으로 표현하자면 '민주주의를 위할' 뿐만 아니라 선을 위해 '세상을 안전하게' 만들 수 있을까? 선한 가치들은 많은 사람들에게 격려, 이해, 인내, 조용한 용기라는 긍정적인 영향을 미친다. 위대한 신뢰를 만들고 관계의 침식과 마모를 최소화한다. 예술가, 이상주의자, 혁신적 발명가들은 편견과 폭력에 대항하고, 특히 생각과 가치를 아이들에게 전달하는 데 중요한 역할을 담당한다. 예를 들어 음악과 예술을 유럽의 학교에 보급하고 있는 나의 MUS-E 프로젝트는 기본적인 혁신이 어떻게 의식의 변화를 도울 수 있는지 보여준다.

인간존재가 배울 수 있는 가장 어려운 개념은 비율과 한계에 대한 지식이라고 할 수 있는 중용이다. 시간과 공간을 확장해서 초점을 먹잇감 사냥에서 희생자 보호 쪽으로 이동시키는 일은 쉽지 않다. 여기 지금으로부터 탐욕의 자리를 공감으로 채우는 더 넓은 차원으로 이동시키는 것 또한 어렵다. 우리는 명민하고 이기적인 것이 아니라 친절하고 용감하고 용서하고 단호하고 신뢰하면서도 현실적이고 현명하고 자애로울 수 있도록 돕는 교육 시스템을 도입할 수 있을까? 우리는 일상의 행동과 행태가 창조적이고 예술적이고 미학적인 원리로 인도되도록 할 수 있을까? 우리는 자녀들로 하여금 편견에 찌들고 공포에 질리지 않게 할 수 있을까? 우리는 폭력과 야만성을 영화, 책, 사고, 야망에서 제거할 수 있을까? 이것이야말로 우리를 기다리고 있는 파국을 대비할 수 있는 방법인 것일까?

나는 '내면'과 '외면'의 통일성을 믿는다. 위대한 독일 철학자 콘스탄틴 브루너Constantin Brunner는 모든 것은 의식의 정도에 달려 있다고 말했다. 그래서 과학적으로 방사선이 빛을 수년간 투과할 수 있는 것과 마찬가지로 진동하는 뉴트론처럼 '의식'이 투과할 수 있지 않을까? 이것은 우리의 생각, 행동, 제도에 스며드는 새로운 태도와 믿음을 진작함으로써 어떻게 의식에 혁명을 초래할 것인지에 대한 것이다. 이런 태도와 믿음은 의학, 심리학, 철학으로부터 과학, 상업, 은행, 종교, 예술에 걸쳐 스며들도록 되어야 할 것이다. 우리의 삶은 타인과 다른 동물들, 우리 마음의 잠재성을 완전히 인식함으로써 의미를 가진다. 이런 인식은 예술의 아름다움, 그리고 메시지, 메신저, 메시지를 수용하는 사람들의 시간과 장소에 동등한 중요성을 부여하는 진실한 의사소통의 즐거움에 대한 것이기도 하다. 이것은 어떻게 창조가 서로 다른 상황과 조건에서 확산되고 독창성이 열어지는 결과를 초래하는지 알려준다. 우리는 어떻게 특정한 생각과 발명이 서로 동떨어져 있는 여러 장소에서 동시적으로 일어나는지 알 수 있다. 나는 어떻게 '좋음이 좋음을 이끄는지', 어떻게 좋은 것(또는 나쁜 것)이 서로 만나고 집단적인 결과를 달성하는지 보면서 놀라움을 금치 못했다. 긍정적이고 상호 수혜적인 전망이 여기에 반발하는 마음에 스며들고 전체 사회로 확장될 때 특별한 만족을 준다. '반발하는 마음'의 사례는 우리 자신이 당파와 근본주의 집단에 갇혀 있는 경우다. 당파와 근본주의 집단은 여가를 파괴적인 책략으로 착취하고, 꿈을 악몽으로 착취하고, 내면의 균형과 평화를 박탈한다. 사람들은 테러리스트를 고도로 동기가 부여된 이기심 없는 순교자나 순수하고 열광에 휩싸인 존재라고 쉽게 생각하지만, 그의 목적이 복수라면 그는 자신은 물론 인류에게도 전혀 이바지하지 못하는 것이다.

다행히 우리는 위대한 통일의 원리로 나아가고 있다. 나는 단순한 진리로 당대와 연결되어 있는 보편 종교를 믿는다. 핵심적인 과학적 연구와 그 적용으로 말미암아 우리는 구체적인 것에서 비구체적인 것으로, 기계적인 것에서 전기적인 것으로, 석탄의 힘에서 원자의 힘으로 나아갔다. 의학적인 지식의 발전으로 우리는 마음과 뇌에 걸친 이해를 할 수 있게 됐다. 우리는 몸에서 마음으로, 지금은 살아 있는 세포와 그 화학적 작동, 전자를 포함한 물리적 구조의 이해까지 나아간 진보를 잘 알고 있다. 삶의 일반적인 패턴과 목적은 어떤 이상적인 조건에서 자연적이고 필연적인 발생을 발견함에 따라 나타나기 시작한다. 우리는 존재하고자 하는 삶의 집요한 의지와 궁극적으로 성장하는 의식, 의사소통, 삶과 죽음의 과정에 대한 인식, 그리고 삶과 죽음의 끊임없는 연속성과 지속성을 통해 신의 계시를 경험하고자 한다는 것을 깨닫는다.

내 자신의 본질적인 요구는 사랑과 신뢰로 둘러싸이는 것이다. 도움을 받고 인도를 받기도 하면서 나도 도움을 주고 인도를 할 수 있어야 한다. 배움, 도움, 사용될 수 있는 가능성은 무한하다. 우리는 꿈꾸고 생각하고 명상하고 인식하고 기도하는 삶의 신성한 부분을 존중해야 한다. 자기중심적 자아를 제한하고 의식을 확장하는 여가 시간의 효용성 역시 존중되어야 한다. 타인을 이해하고 돌보는 가운데 자기만을 생각하는 자아는 제동이 걸리고 더 높은 수준으로 귀환할 수 있다. 삶의 목적은 배우고 주고 만족하거나 충만해지고 즐거워하고 알고 나누는 것이다. 사랑과 타인에 대한 감사에서 만족하고, 이해에서 만족하고, 건강하게 지내고 상호 수혜적인 환경을 창조하거나 거기에서 소속감을 느끼는 것이다. 신뢰, 우정, 풍부함, 욕심을 버림, 환희는 문명화한 존재에게 유머만큼이나 필수적인 것이다.

슈마허E. F. Schumacher가 '작은 것이 아름답다'는 전망으로 제시한 것처럼, 우리 자신과 특히 '제3세계'를 위한 '중재적 기술'이 제시하는 노선을 따라 새로운 방향으로 나아갈 수 있을까? 우리가 선택해야 하는 방향은 명확하다. 수단, 이해, 자발적 봉사자, 정신, 마음 모두가 우리에게 있다. 그렇다면 무엇이 빠졌는가? 우리는 무기력과 나쁜 습관, 희생양 심리, 편견을 버려야 한다. 우리는 어느 정도의 자신에 대한 강제력, 많은 영감, 행복한 아이들을 보면서 느끼는 깊은 만족에 대한 인식이 필요하다. 전 세계의 친구들을 신뢰하고, 공포를 정복해야 하며 창조적 삶이 주는 환희, 새로운 학습, 그리고 얼마나 우리 자신을 위해 성취할 수 있는지, 얼마나 타인과 공동선을 위해 성취할 수 있는지 지켜보는 장쾌한 기쁨이 필요하다.

예후디 메뉴인*

---

* 미국 출생의 바이올리니스트이자 지휘자. 주로 영국에서 활동했으며 20세기 최고의 바이올리니스트로 평가받았다. 음악 이외에도 다양한 정치적, 사회적 문제에 깊은 관심을 보였다.

역자 후기

이 책은 부다페스트 클럽의 창립자이자 의장인 어빈 라슬로가 기획하고 주도한 대담을 기록한 결과물이다. 부다페스트 클럽은 일찍이 『성장의 한계』라는 보고서로 알려진 로마 클럽의 문제의식을 받아안아서 문명 전환의 문제를 의식혁명에서 찾는 행보를 보여온 단체다. 1996년 10월 26일 달라이라마 등이 참여한 '지구적 의식 촉구 선언'으로 그 성격을 분명하게 했다. 라슬로는 이 선언에서 지배적인 서구 문명의 패러다임을 벗어나지 않는 한, 인류에게 미래는 없다고 경고했다.

대담에 참여한 다른 이들의 면면도 크게 다르지 않다. 그로프와 러셀 역시 서구 문명의 오만을 반성하고 새로운 삶의 관점을 확립할 필요성에 대해 역설한다. 이들은 공통적으로 '의식혁명'을 통해 이런 관점을 획득할 수 있다고 입을 모은다. 의식혁명이란 무엇일까? 이 책에 등장하는 정의에 따르자면 외부의 지시나 결정을 거부하고 '내면의 진리'에 귀를 기울이는 '깨어남'을 의미한다. 깨어남에 대한 대담 참가자들의 정의는 제각각이다. 라슬로는 우주와 연동하는 뇌의 진화 과정으로 설명하고, 그로프는 임사 체험 같은 절대적 부정성의 경험을 거론한다. 러셀은 깨어남을 불교적인 각성에 비유한다.

이렇게 서로 다른 입장이긴 하지만, 이들의 논의에서 공통적인 것은 지금 당면하고 있는 인류의 문제를 극복하기 위해 의식혁명이 절실하다는 결론이다. 물론 의식혁명은 이미 합의되어 있는 패러다임의 논리를 통해 발생할 수 없다. 오히려 이런 종류의 깨어남은 누구도 인정하지 않는 '비범한 상태'에 대한 인정을 통해 가능할 수 있다. 한마디로 이성의 능력과 그에 기반을 둔 다양한 성취에 대한 반성적 태도를 통해 새로운 가능성을 모색할 수 있다는 것이 이들의 주장이다.

이틀 동안 밀도 있게 이뤄진 대담을 옮겨 적은 것이라서 다소 압축적이긴 하지만, 지금 현재 벌어지고 있는 다양한 문제를 의식혁명이라는 키워드로 풀어가고 있다는 점에서 한 번쯤 숙고해볼 내용들이 담겨 있다고 생각한다. 역자는 이들의 대담에서 1960년대 반문화 운동의 갱신을 통해 현재 인류가 직면하고 있는 문제를 해결할 수 있다는 입장을 읽어낼 수 있었다. 좌절한 유토피아주의일 수도 있는 1960년대 반문화 운동은 실질적으로 대담에 참여하고 있는 이들의 청년기를 꿰뚫고 있는 공통 기반이기도 하다. 이들은 간단하게 신비주의로 치부되어온 '비범한 실천들'에서 서구 문명의 익숙함에 도전하는 낯선 새로움을 조우할 수 있다고 말한다.

라슬로는 이런 비범성을 과학, 특히 양자물리학에서 얻은 영감으로 해명하고자 한다. 이 점에서 라슬로는 그로프와 러셀의 의견들을 종합하는 역할을 해주는 매개자로서 손색이 없다. 융과 화이트헤드 그리고 불교와 양자물리학을 넘나드는 논의들이 다소 혼란스럽게 들릴 수도 있을 것이다. 그러나 이들의 논리는 일관된 것이라고 할 수 있다. 서구 문명적인 삶의 방식은 인류에게 파멸만을 선사할 것이고, 이를 넘어선 다른 삶의 양식을 시급하게 찾아야 한다는 것이다. 이런 새로운 삶의 양식은 서구의 패러다임에서 이해할 수도 없고 또한 환영받을 수도 없다는 것이다.

따라서 새로운 것을 찾고자 한다면 서구의 패러다임을 완전히 벗어난 의식혁명이 필요하다. 이 과정을 통해야 비로소 서구 문명이 인류에게 강요하고 있는 파편적이고 분과적인 사고방식을 넘어서서 우주와 인간에 대한 '전일적 이해'에 도달할 수 있다는 것이다. 독자에 따라서 이런 주장은 너무 나아간 것처럼 보일 수도 있다. '매개'를 고려하지 않는다는 점에서 이들의 생각이 얼마나 구체적인 실천으로 전화될 수 있을지도 미지수다. 그럼에도 이들의 생각이 문명이라는 주박呪縛으로 사실상 서구적 삶의 방식을 특권화해온 지난 역사를 돌아보게 만드는 효과는 있다고 생각한다. 이런 주장을 수용하든 비판하든 중요한 것은 이들이 제기한 의제가 결코 호락호락 무시할 수 있는 것이 아니라는 점이다.

우리에게 여전히 상황은 어둡다. 인간의 노동력을 갈아 넣어야 유지할 수 있는 이런 체제는 결과적으로 누구에게도 행복을 보장하지 못할 것이다. '의미 없음'과 '세계 없음'의 악무한이 일상을 지배하는 지옥도가 펼쳐지고 있다. 지옥도를 넘어설 희망은 어디에서 찾을 수 있을까? 이 대담집의 저자들은 과감하게 과거의 지혜에서 미래를 찾아야 한다고 권고한다. 이 책은 '오래된 미래'를 위한 첫 발걸음을 우리에게 제시하고 있다. 그 발걸음을 내디딜지 말지 주저하기에는 인류에게 주어진 시간이 너무나 짧을지도 모른다. 그럼에도 우리는 과감한 사유의 전환을 모색해볼 필요가 있지 않겠는가.

2016년 9월
이택광

어빈 라슬로 Ervin Laszlo

소르본대학교에서 철학 및 인문과학으로 박사 학위를 받았다. 시스템 철학과 일반진화론의 기초를 세웠고 최근에는 우주, 생명, 의식에 대한 새로운 이해를 시도하고 있다. 미국의 여러 대학에서 강의를 했으며 저자, 공저자, 편집자로서 90권이 넘는 저서를 펴냈다. 많은 과학 연구 단체의 회원으로 활동하고 있고 글로벌 싱크탱크인 부다페스트 클럽을 창립했다. 주요 저서로 『Science and the Akashic Field』, 『Quantum Shift in the Global Brain』, 『WorldShift 2012』, 『Science and the Reenchantment of the Cosmos』, 『The Self-Actualizing Cosmos』 등이 있다.

스타니슬라프 그로프 Stanislav Grof

체코 카를대학교에서 의학박사 학위를 받았다. 국제적 명성을 얻은 정신과 의사로서 초개인 심리학을 공동으로 정립했다. 메릴랜드 정신의학 연구 센터 정신의학 연구 책임자, 존스홉킨스대학교 의과대학 정신의학과 조교수, 국제초개인주의협회 회장 등을 지냈다. 주요 저서로 『LSD Psychotherapy』, 『The Adventure of Self-Discovery』, 『The Holotropic Mind』, 『Books of the Dead』, 『The Cosmic Game』, 『Psychology of the Future』 등이 있다.

피터 러셀 Peter Russell

케임브리지대학교에서 이론물리학 및 실험심리학으로 학사 학위를 취득하고 컴퓨터 공학으로 석사 학위를 받았다. 인도로 건너가 명상과 동양철학을 배우고 돌아온 뒤 브리스틀대학교에서 명상에 관한 신경생리학적 연구를 진행했다. 동서양의 관점을 통합해 인간 의식을 탐구하고 있으며 전 세계를 돌며 강연 활동을 벌이고 있다. 주요 저서로 『The TM Technique』, 『The Brain Book』, 『The Creative Manager』, 『The White Hole in Time』, 『The Global Brain Awakens』, 『Waking Up in Time』 등이 있다.

이택광

경희대학교 영미문화전공 교수이자 대중문화 비평가. 영국 워릭대학교와 셰필드대학교에서 각각 철학과 문화 이론으로 석사와 박사 학위를 받았다. 주요 관심 영역은 현대 철학과 정신분석학이다. 지은 책으로 『박근혜는 무엇의 이름인가』, 『반 고흐와 고갱의 유토피아』, 『마녀 프레임』, 『이것이 문화비평이다』, 『인문좌파를 위한 이론가이드』, 『한국 문화의 음란한 판타지』 등이 있다.

의식혁명

문명 전환을 위한 우주적 성찰과 내면의 도약

초판1쇄 발행 2016년 9월 9일
초판2쇄 발행 2016년 12월 28일

편저 어빈 라슬로
번역 이택광
펴낸이 조인원
펴낸곳 경희대학교 출판문화원

주소 서울시 동대문구 경희대로 26
전화 02-961-0106~8, 팩스 02-962-8840
설립 1960년 9월 16일 제5-8호
등록 1977년 11월 8일 제6-5호
홈페이지 www.khupress.com
전자우편 press@khu.ac.kr

ISBN 978-89-8222-554-3 03300